厚生労働省・各都道府県・中央職業能力開発協会・各都道府県職業能力開発協会

改訂第3版 国家検定
商品装飾展示
ガイドブック 技能検定
日本ビジュアルマーチャンダイジング協会 編著

商品装飾展示の
基礎知識と技法
解説を掲載

1級・2級・3級
過去問題4年分収載
(解説・解答付き)

実技編

[検定風景]

平成27年度 3級技能検定 実技試験会場

平成29年度 2級技能検定 実技試験

平成28年度 2級技能検定 実技試験会場

平成29年度 3級技能検定 実技試験

平成30年度 3級技能検定 実技試験会場

平成30年度 2級技能検定 実技試験

平成 30 年度 1 級 実技試験 課題 1　テーマ「母の日」

参考作品（本書「イメージスケッチの基礎技法」参照）

＜イメージスケッチ＞

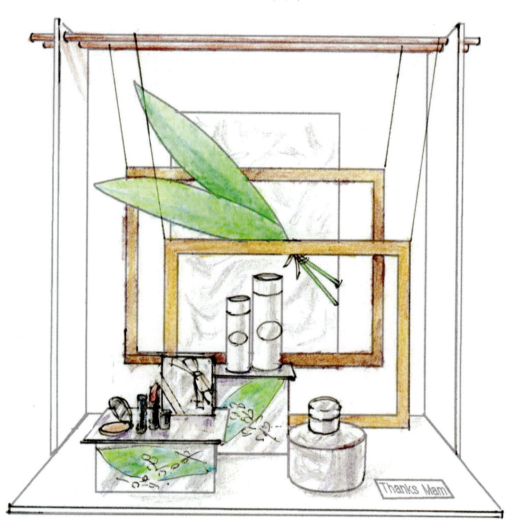

注）テグスの一部は描き込んであります

平成 30 年度 1 級 実技試験 課題 1　テーマ「母の日」

参考作品（本書「イメージスケッチの基礎技法」参照）

<イメージスケッチのための一点透視図の描き方>

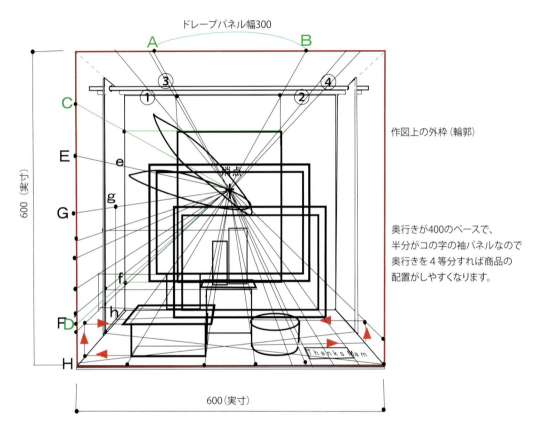

- アイテムが多いので、初めに商品の姿図と一覧表にあるそれぞれの寸法をメモしてから始めましょう。パースを描くのがスムーズになります。
  ラフスケッチの際に三角形構成をイメージしながら、配置の手順と位置関係とサイズの把握をしておきます。
- バックパネルにピンナップするドレープパネルの幅の点（A－B）を作図上の外枠に記し、消点と結びます。このパネルの取り付け位置の高さは任意なので、左の作図上の外枠に、上から100の位置にC点を取り、消点と結び、バックパネルに位置決めします。
  ドレープパネルの下位置D点を消点と結び、位置決めします。
- フレームA・Bも同様に、作図上の外枠からフレームの幅を取り、消点と結びます。
  同様に縦のサイズを外枠上に取り、消点と結びます。この時、フレームの前後関係は、2本の丸棒からのテグスの位置が関係しますので、作図上もパース線と奥の丸棒との交点①②（フレームA）、手前の丸棒との交点③④（フレームB）から垂直線を下ろし、位置づけします。それぞれの高さは左の外枠上、EFとGHと消点を結び、それぞれef、ghからの水平線の位置となります。
  アクリルBOX、円筒ケース、ギフトBOXなどは配置を決めたら、それぞれの高さを外枠上に取り、赤の▶の手順（配置の水平線→透視図上の高さ→高さ位置の水平線）をそれぞれの商品ごとに繰り返して透視図を仕上げます。

平成29年度1級 実技試験 課題1　テーマ「夏のおもてなし」

参考作品（本書「イメージスケッチの基礎技法」参照）

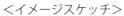

＜イメージスケッチ＞

注）テグスの一部は描き込んであります

平成29年度1級 実技試験 課題1　テーマ「夏のおもてなし」

参考作品（本書「イメージスケッチの基礎技法」参照）

＜イメージスケッチのための一点透視図の描き方＞

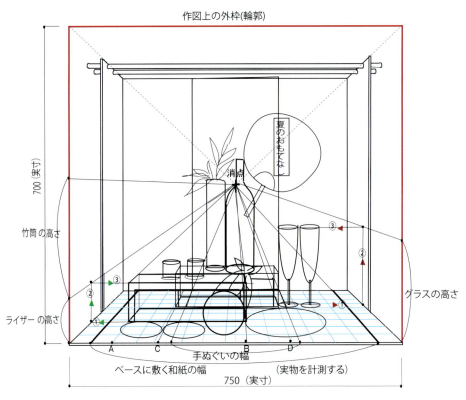

- 配置する商品アイテムが多いので、ラフスケッチを描く前に、アイテムの簡単な姿図と寸法をメモしておくと後の作図がスムーズです。
- 初めに手前の外枠から指定の手ぬぐいの幅を取り、消点と結び、バックパネル位置に作図します。次にベースに敷く和紙の幅を取ります。消点と結びます。
- 次に2台のライザーの位置を決めます。配置は自由ですが、三角形構成の土台になると考えて配置し、作図します。この場合もベース外枠手前にライザーの幅300（A－B）、（C－D）の点を打ち、消点と結びます。位置はベース手前から150とします。
  外枠上にライザーの高さを取り消点と結び、ライザーの位置の水平線を緑の▶の順に作図線を引き、ライザーの形を描きます。奥に配置したライザーも同様にして形を描きます。
- 次に奥のライザーの上に載せる竹筒の高さを外枠上に取り、消点と結び透視図上の高さを決め、描きます。この時、竹筒の高さが消点（視点）より高くなるので、竹筒の口の楕円の描き方に注意しましょう。
  同様にボトルの高さも取り形を描きます。
- 次に右側に配置するグラスを描きます。高さを外枠上に取り、消点と結び、グラスの位置から赤の▶の順に作図して高さを決め、グラスの形を描きます。
- うちわは初めに実寸を外枠で取り、奥から少し手前の位置での高さの縮み具合を作図してから、斜めにするなどの表現にします。

平成 28 年度 1 級 実技試験 課題 1　テーマ「サマーキャンプ」

参考作品（本書「イメージスケッチの基礎技法」参照）

<イメージスケッチ>

注）テグスの一部は描き込んであります

平成28年度1級 実技試験 課題1　テーマ「サマーキャンプ」
参考作品（本書「イメージスケッチの基礎技法」参照）

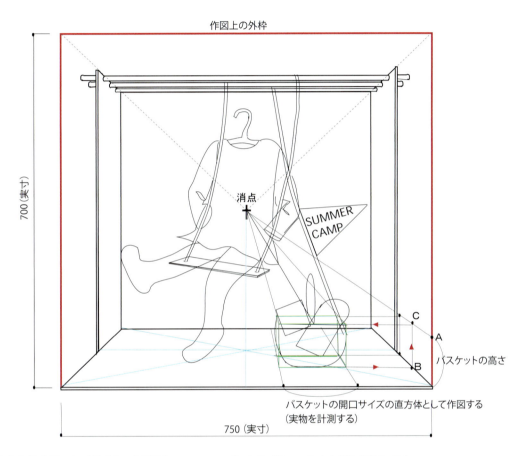

<イメージスケッチのための一点透視図の描き方>

- 全体構成が三角形構成という課題なので、ロープによるブランコの方向等に注意します。
  丸棒にロープを結び、ブランコの座面をスペースのほぼ中央（ベース4隅を線で結んだ交点）あたりに吊る。支給される座面板の寸法より少し小さめにイメージして描きます。座面板の高さは視点（消点）の高さより下の位置にします。（この場合、透視図で描くより手描きのほうが早い）
- バスケットは、ベース手前から150mmに配置した場合、バスケットの高さを実測し、バスケットを直方体の立体として作図していきます。　作図上の外枠に高さの点（A点）を記す。A点と消点を結びます。
- バスケットの手前位置からベース端線までの水平線の交点Bから垂直線を上げA点からのパース線との交点Cがこのスケッチの中でのバスケットの透視図的な高さになります。（赤の▶の順）
- バスケットに入れる商品を描き込む前に、バスケットの開き口を描くためバスケットの底からB点と同様に、ベース端線との交点D点を決め垂直に立ち上げて、パース線との交点E点を決めます。その高さをバスケット位置まで平行移動し、バスケット全体の立体図とします。

平成 27 年度 1 級 実技試験 課題 1　テーマ「ホワイトデーギフト」

参考作品（本書「イメージスケッチの基礎技法」参照）

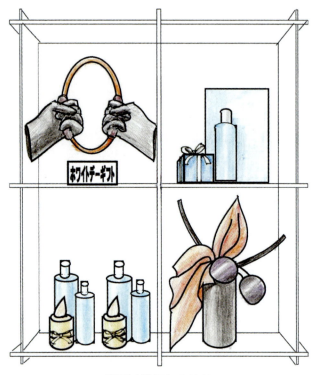

<イメージスケッチ>

注）テグスは描き込んでありません

<イメージスケッチのための一点透視図の描き方>

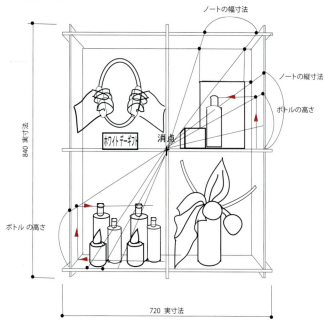

- アイテム数が多いので、ラフスケッチの前にそれぞれの商品の姿図とサイズをメモしておきましょう。
- 形の決まっているモノは指定のサイズに注意して透視図法で描くようにしますが、Aのグリッドのようにエキスパンダーと手袋等の場合は、条件をよく読み、このグリッド内にシンメトリーにうまく収まるように描く必要があります。
- BとCのグリッドの商品は形が決まっていて、サイズも分かっています。この場合は、段ボールの枠を基準として、それぞれの幅や高さの寸法を記して、すべて消点と結び、赤の▶の手順で商品の透視図を描きます。この時注意することは、Bのグリッドは消点（視点）より上にあり、Cのグリッドの商品は消点（視点）より下にあるということです。ボトルやギフトの見え方に注意しましょう。
- Dのグリッドは放射状構成で仕上げるという指示ですから、ボトルカバーを中心にバンダナ・サングラス等が枠内の空間に放射状に展開している状態を描きます。特に透視図法は使わなくても描写力で仕上げましょう。

✢ 改訂第3版発行にあたって ✢

　改訂版を発行するにあたって、過去の受検者、読者、指導の諸先生方からのご意見を参考に、従来の1冊にすべてを網羅するというスタイルから大改革をし、学科と実技の2部仕立てとしました。検定に必要な知識の「学科編」と実務作業の「実技編」とに分けることにより、受検者はもとより、商品装飾展示に従事する方々にも、より使いやすく学びやすいものとしました。

　小売業の現況は、近年のネットや通販など無店舗販売の台頭とともに、実店舗の実情においてはより多くのお客さまを集客し、購買行動を刺激し、購買意欲をそそる的確な商品提案がますます必要になってきています。

　さらに、実店舗であるからこそ可能な、店頭や店内での、新鮮で話題性のある商品の美しい演出や、エンターテインメント空間としての魅力的表現などを、より高度に磨き上げた技法によって作り上げていく必要性が高まっています。

　しかし、こうした小売業における日々の営みが、行き当たりばったりで適当に行われているとしたら効果は期待できません。基本的な商環境のあり方や、商業にかかわるさまざまな知識、商空間を演出表現する美意識、商品の魅力を的確に伝える展示や陳列技法などを正しく修得して、日々怠ることなく実践して初めて、お客さまを満足させることができ、本来の小売業の姿が実現するのです。

　店で見かける「商品装飾展示」には時として間違った解釈や技法で実践されているものがあります。そのために商機を逸したり、商品の魅力が半減したりして、顧客満足を得るどころか、サイレントクレーマーを生み出しているかもしれません。あいまいな知識と自己流の売場づくりや商品提案をしていては、決して良い店、よく売れる店にはなれないのです。店にかかわる人々が自覚をもって専門的な知識と技術を身につけることが何より大切です。

　本書で解説している「商品装飾展示技能検定」は、商品装飾展示の一連の仕事と専門的にかかわっている人をはじめ、これからその道を目指したい人、また自分自身のキャリアアップをしたい人の技能と知識の実力を計る試験です。全国から寄せられた多くの受検者の方々のご要望にお応えするためにテキスト本として編集しました。受検を志す方はもとより、デコレーター、ビジュアルコーディネイター、ビジュアルマーチャンダイザー、販売スタッフ、ショップディレクターなど、日常業務で商品装飾展示（マーチャンダイズプレゼンテーション）にかかわるすべての方々

に必要不可欠な知識と技法を、「学科編」と「実技編」の2冊にまとめています。

「商品装飾展示技能検定」は国家検定ですから、合格すれば大きな自信となるでしょう。本書は「学科編」と「実技編」の2冊にそれぞれの基礎知識と過去問題を級別に掲載しています。自分自身の力量や、得意不得意に合わせて学習することができ、今まで分からなかった事柄の詳細についても丁寧に解説してあります。

また、実際に過去に出題された問題を平成27～30年度まで掲載してあるので、模擬テストとして挑戦することができます。受検を目指す人は、合格を目標に掲げ、繰り返し学習することで、「学科編」の知識も「実技編」の技法も必ず身につきます。いずれもバランス良く修得していただきたいと願っています。

本書への過去問題の掲載を許諾認可していただいた中央職業能力開発協会と、快く編集出版のご協力をいただいた繊研新聞社出版部に深く感謝いたします。

　　　　　　　　　　　　　　　　　　　　　　日本ビジュアルマーチャンダイジング協会
　　　　　　　　　　　　　　　　　　　　　「商品装飾展示技能検定ガイドブック」編集委員会

❖ 本書の構成と特徴について ❖

　本書は既刊の『商品装飾展示技能検定ガイドブック』で利用しにくかった点や分かりにくかった点などを改良し、『検定に必要な基礎知識と技法、過去問題』を「学科編」と「実技編」に分冊する形で、学びやすく、携帯しやすくしました。また、体裁もB5判と大きくし、説明図等のレイアウトなども見やすく分かりやすくしました。

（1）実技編
　ビジュアルマーチャンダイジング（Visual Merchandising）について学びたい方や、商品装飾展示技能検定の受検を志す方に、技能検定の作業試験（実技試験）に沿って、必要な基礎知識と技法を徹底解説しています。

　専門的な分野であることから、「どこでどのように学べばよいか分からない」という声が多く聞かれました。本書では、いままで分かりにくかった細かい技法の基礎知識や技法、コツなどもよく分かるように作業手順や仕上げ方を図解や写真によって説明しています。また、日本ビジュアルマーチャンダイジング協会からすでに出版されている『VMD用語事典』を基準に、関連項目と用語をより深く詳細に図解し、まとめています。

（2）実技過去問題
　平成27年度から平成30年度までの過去4年間の各級の作業試験（実技試験）で、実際に出題された問題を掲載してあります。また、問題文から分かりにくい技法をピックアップし、合格するための「ここがポイント」といったところを、各年度の問題ごとに後のページで分かりやすく、丁寧に解説しています。過去問題から見える検定問題の特徴をつかみ、技法のコツを学ぶことができますから、初めて受検する方にも取り組みやすい内容になっています。

（3）技能検定受検の手引き
　初めて受検する方や指導する方にも分かりやすく、合格のための作業（実技）試験の学習ポイントや、技能検定制度についての説明を掲載しています。検定の概要、その他技能検定に関するQ＆Aも掲載しています。また、検定受検のあらましと受検資格などについて詳しくご案内しています。

CONTENTS

改訂第3版発行にあたって　001
本書の構成と特徴について　003

PART1　商品装飾展示の基礎技法

商品装飾展示作業の実際と展開　008
マーチャンダイズプレゼンテーション　008
　MP技術の分類　008
商品装飾展示作業に適した服装　010
商品装飾展示作業の手順　011

アイテム別のフォーミングの基礎技法　012
レディスウエアの基礎技法　012
　ボディに着せる（ウエアリング）　012
　たたんで見せる（フォールデッド）　013
　置いて見せる（レイダウン）　014
メンズウエアの基礎技法　016
　ボディに着せる　016
　たたんで見せる　018
ネクタイ、スカーフ、ハンカチ、バンダナ　018
　ネクタイの代表的な結び方　018
　スカーフ、バンダナ、ハンカチの基本のたたみ方（折り方）　020
Tシャツ、カットソー、ニット、ブラウス　024
　フォールデッドの技法　024
　パディングの技法　024
靴下、手袋の演出　028
　靴下の陳列　028
　手袋の陳列　028
タオル、ナプキンの扱い方　030
　タオルの陳列　030
　バスタオルの三つ折り　030
　フェイスタオルのたたみ方　030
　ハンドタオルのたたみ方　032

ナプキンのたたみ方　　032

ピンナップの基礎知識と技法　　037
　　ピンナップに必要な用具類　　037
　　段ボールパネルのピンナップ　　039
　　ウエアをピンナップする　　040
　　洋品をピンナップする　　042
　　雑貨をピンナップする　　042

テグスワークとフライングの基礎技法　　046
　　テグスワークの基本　　046
　　フライングの方法〜空間に商品が飛んだように見せる　　046

ピンワークの基礎知識と技法　　050
　　基礎テクニックの種類と内容　　050

商品装飾展示に必要なパネルの扱い方　　054
　　布でパネルを包む　　054

ラッピングの基礎知識と技法　　055
　　箱の種類と部位の名称　　055
　　リボンの掛け方と結び方　　060

風呂敷の包み方の基礎技法　　062
　　包み方のいろいろ　　062
　　結び方のいろいろ　　066
　　風呂敷の大きさ　　066

イメージスケッチの基礎技法　　068
　　透視図を描く前に　　068
　　検定のイメージスケッチ（一点透視図法）の描き方　　070
　　一点透視図法の例題　　073
　　　仕上げ方のポイント

PART2　実技の過去問題 解答と解説

実技 過去問題と解説（平成27〜30年度）

3級
平成27年度技能検定3級商品装飾展示実技試験問題　　079
平成28年度技能検定3級商品装飾展示実技試験問題　　089
平成29年度技能検定3級商品装飾展示実技試験問題　　098
平成30年度技能検定3級商品装飾展示実技試験問題　　108

2級
平成27年度技能検定2級商品装飾展示実技試験問題　　115
平成28年度技能検定2級商品装飾展示実技試験問題　　126
平成29年度技能検定2級商品装飾展示実技試験問題　　135
平成30年度技能検定2級商品装飾展示実技試験問題　　143

1級
平成27年度技能検定1級商品装飾展示実技試験問題　　151
平成28年度技能検定1級商品装飾展示実技試験問題　　160
平成29年度技能検定1級商品装飾展示実技試験問題　　168
平成30年度技能検定1級商品装飾展示実技試験問題　　177

PART3　技能検定受検の手引き

検定の実技基準と心構え　　186
検定合格のための学習ポイント　　188
技能検定制度とは　　192
　技能検定の概要／技能検定の実施機関／技能検定の等級区分／技能検定試験の実施日程／受検手数料／受検資格／問い合わせ
　昭和61〜平成30年度商品装飾展示技能検定受検状況／平成21〜30年度商品装飾展示技能検定実施公示状況
「商品装飾展示」技能検定Q&A　　198
　都道府県職業能力開発協会リスト

[付録] 商品装飾展示技能検定試験の試験科目及びその範囲並びにその細目　　204
参考文献　　213
あとがき　　214

改訂第3版　**国家検定**
商品装飾展示　技能検定
ガイドブック

PART 1
商品装飾展示の基礎技法

商品装飾展示作業の実際と展開

マーチャンダイズプレゼンテーション（MP）技術

　商品装飾展示とは、百貨店、専門店、などを中心とした商業施設において、ビジュアルマーチャンダイジング（VMD）に関する知識をもとに、感性と商品を見せる技術（マーチャンダイズプレゼンテーション＝merchandise presentation）を駆使して、商品を効果的に陳列、演出、表現することです。

　商品装飾展示は、購買者の購買意欲を喚起する販売促進を目的に、ビジュアルマーチャンダイジングの観点で行います。マーチャンダイジングを反映したものですから、ファッション全般とトレンド情報などの商品関連知識はもとより、社会の動向、購買の動向、ターゲットのライフスタイル分析や市場分析などのマーケティングに関連したことや、季節や風習に関することなど、幅広い知識が求められます。

　商品装飾展示の場については、スペースの制約とともに、素材などが法により規制されています。それは人の安全を配慮したものですから、基本的な心得として日常の仕事に求められます。

　商品装飾展示には、造形表現力と空間構成力が不可欠です。マーチャンダイジングを明確に視覚伝達し、快適で魅力的な売場づくりや商品プレゼンテーションをするためのアイデアやデザイン力、そしてマーチャンダイズプレゼンテーション（MP）技術が必要となります。さらに、アイデアを具体的に表現したイメージスケッチは、クライアントへの提案と確認のための重要な手段です。正確で表現力のあるスケッチを描く技術の修練も、プロの商品装飾展示技能士には求められます。

MP技術の分類

　MPとは、マーチャンダイジング（商品政策・商品計画）に基づいて、商品情報を的確に提示することにより、商品を見やすく、分かりやすく、魅力的に表現するための技能・技術全般を指します。MPのベーシックな技術であるフォーミングに際しては、用いる素材、用具、器具、什器の使い方に通じることが必要です。

　アパレル及び繊維製品を対象としたMP技術は、商品、目的、展開場所などにより、以下のように分類されます（表1）。

表1　MPの分類

MPの種類		MPテクニックの種類 フォーミングの名称	対応什器、器具、スペース
置く	畳んで置く	フォールデッド （＋パディング）	棚什器、ボックス什器 テーブル、平台
	広げて置く	レイダウン （＋パディング）	テーブル、平台
	立てて置く	スタンディング （＋パディング）	スタンド什器、ボディ テーブル、平台、棚上
貼る		ピンナップ、ピニング （＋パディング）	壁面、柱巻き
掛ける	側面を見せるハンギング	ショルダーアウト スリーブアウト	ハンガー什器、システム什器
	正面を見せるハンギング	フェイスアウト	ハンガー什器、システム什器
	コーディネイトして見せるハンギング	フェイスアウト	ハンガー什器、システム什器
			コーディネイトハンガー コーディネイトスタンド
着せる		ウエアリング （＋パディング）	ボディ、マネキン コーディネイトハンガー コーディネイトスタンド
吊る		フライング、テグスワーク	ウインドーなどの立体空間
その他		ピンワーク、ワイヤリング	

商品装飾展示作業に適した服装

　店舗で商品装飾展示作業をする場合、展開する場所や時間帯にもよりますが、照明の状態、冷暖房の有無、什器やその他の状況に合わせ、まず、動きやすく作業しやすい服装を心がけることが大切です。作業に適さない服装は、毛足の長いウールセーター、ループ状の編地やローゲージのセーター、レース地のウエアなどです。この種の服装で作業すると、場合によっては展示する商品の突起部分（ボタン、ファスナー）やタグ、使用する什器などに着ている服の編み糸が引っ掛かり、思わぬ事故になることがあります。また、ノースリーブやタンクトップなど肌の露出している服装も、同様に什器や演出物などでけがをすることがありますから、十分注意しましょう。検定の試験会場にも、同様に作業しやすい服装で臨みましょう。

①髪型は、髪の毛が顔にかかるなど、作業の妨げになるようなスタイルは避けます。髪が長い人は、ヘアーバンドやバレッタを常備し、作業する際には束ねます。
②トップスは、動きやすいものを選びます。長袖なら袖口などが引っ掛からないように、まくり上げるか、バンドで留めておきます。
③ボトムは、汚れが気にならないデニムのパンツや、伸縮性のある素材のものが、作業しやすく適しています。
④爪を長く伸ばしていると、作業にいろいろな支障が出るので、常識程度の長さにします。また、濃い色のマニキュアは、作業時に樹脂製のマネキンやトルソー、備品などにうっかりこすれて色が付く場合がありますから、控えるようにします。
⑤装身具は、作業時には外します。商品に引っ掛けたり、傷つけることがあります。
⑥作業をする時には、ポケットのあるエプロンや、マチのある丈夫なウエストポーチやポシェットを着用すると、用具が散乱せず、スムーズに作業できます。
⑦靴は、脱ぎ履きしやすく、脚立に上ったりしても滑らないゴム底の軽いものが適しています。
⑧ソックスは必ず履くようにします。ステージなどの展示スペースに上がる場合に、素足では足跡が付いたり、施工のチリやトゲでけがをすることがあります。
⑨扱う商品（例：高級貴金属・時計宝飾品、高級呉服、銅製品、高級皮革商品、クリスタルガラス製品など）によっては、白手袋を着用しますので常備しておきます。
⑩什器やボディなどの器具、スポットライト、大型の演出物、樹皮の付いた木材、木製パネル、段ボール板を扱う際には、軍手が必要な場合がありますので、常備しておきます。

商品装飾展示作業の手順

店舗で行われる装飾展示作業は通常、次のような流れで進めます。

- マーチャンダイジング計画　販売計画
- 商品分類・整理　展開スペースの設定
- ショーイングテーマ決定

- 商品セレクト　カラーコーディネイト　セールスポイントの把握
- 演出器具、用材の準備　演出小道具、関連商品の準備
- 全体の構成レイアウト＆カラーコントロール

- 展開場所、什器備品の清掃
- ショーイングワーク
- POP＆プライスカードを配置
- 照明調整

- 現場後始末

アイテム別のフォーミングの基礎技法

　商品を魅力的に演出したり選びやすく陳列する場合、欠かせないのがフォーミングです。フォーミングにはいろいろな技法があります。商品特性にふさわしい扱い方（技法）であることはもとより、適切な什器やツールを、展開する目的や場所を十分に考慮し、使い分けることが必要です。基本的な技法として、主に陳列（IP）や提案、演出（PP・VP）の場で展開する、商品をたたむ、積む、重ねる、置く、といった技法（レイダウンやフォールデッド）、張る（ピンナップ、ピニング）、掛ける（ハンギング）、着せる（ウエアリング）、吊る（フライング、テグスワーク）などの方法があります。

　また、それぞれの技法には芯材を使わない方法と、紙その他の芯材を入れて形を整えながらする技法（パディング）があります。これらの技法や方法を的確に使い分けるためには、まず商品特性を熟知していることが前提です。検定では級によって難易度に多少の差がありますが、実際の展開場所では、この技法ができてあの技法ができないということでは、プレゼンテーションになりません。どの級を受検するにしても、すべての商品装飾展示技法（merchandise presentation）の技術をよく知り、駆使できることが大切です。専門的に業とする方はいうまでもなく、販売の現場に立つ方、これからその道に進もうとする方はしっかり修得しましょう。

　この項では、フォーミング技法をアイテム別に説明していきます。

レディスウエアの基礎技法

ボディに着せる（ウエアリング）
　使用するボディは、洋服のサイズに合ったものを選びます。
①ボトムは、脇の縫い目のラインがまっすぐで、裾のラインが床と平行になるように着せます。
②トップの肩の縫い目のラインを、ボディの肩のラインに合わせて着せます。
③トップの前あきとボトムスのファスナーは、所定の場所になるように着せます。
④洋服を重ねる場合は、ズレないようにきちんと着せます。
⑤すべて着せた状態で、ボディの高さを条件に合った高さにします。
⑥腕と脚の部分にボリュームが足りない場合は、紙芯などを入れて立体的にし、必要に応じてポーズをつけます。筒状の紙を入れて袖を曲げると、動きが出て活動的な感じになります。袖を曲げる場合は、その洋服を人が着た時を想像して、肘より少し上の所を自然に曲げます。袖口は

ウエスト横あたりに、紙と一緒にワイシャツ用のプラスチック製のクリップで留めます（シャツクリップなど）。ディスプレイステージやショーウインドウなどではピンを使う場合があります。ウエスト付近にポケットがあれば、筒状の紙芯を長めにしておいて、紙芯の部分を自然な形に見えるようにポケットに入れます。

⑦帽子、スカーフ、靴などの洋品をあしらい、コーディネートを完成させます（図1）。

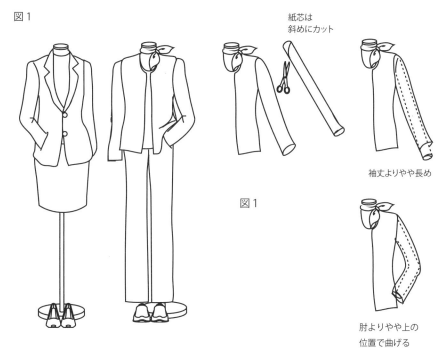

たたんで見せる（フォールデッド）

　ピンナップやレイダウンで、台紙を使い、商品をたたんで構成に変化を出す見せ方です。台紙にはケント紙、クラフト紙、薄葉紙などがよく使われます。

●トップをケント紙でフォーミング（図2）

①仕上がりサイズの幅で、丈を長めにしたケント紙を後ろ身頃の中央に置きます。台紙の上端を、肩の傾斜に合わせて斜めに切ります。

②両袖を台紙を包むように後ろの中心に寄せて、袖の上と下の部分をシャツクリップで少し引っ張りぎみに留めます。

③伸ばすほうの袖はそのままで、もう一方は厚みが出ないように、身頃の幅でたたみます。

④裾を仕上がりサイズに折ります。肩より裾が出る場合は、折り込みます。折った両端をシャツ

013

クリップで台紙に留めます。

⑤表に返し、袖の処理をして、必要であれば目立たないようにシャツクリップで留め、全体を整えます。

図2

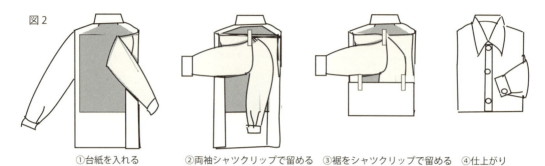

①台紙を入れる　②両袖シャツクリップで留める　③裾をシャツクリップで留める　④仕上がり

●身頃と袖の変化の出し方
①身頃を3枚同じサイズにフォーミングし、片袖は少しずらして、3枚一緒にプリーツを折り、カラーバリエーションを見せます（図3、クラフト紙使用）。
②片袖を出してフォーミングし、袖をタッキングします（図4、図5、ケント紙使用）。
③フォーミングして筒状にし、後ろをワイシャツクリップで留めます（図6、ケント紙使用）。

置いて見せる（レイダウン）

①何枚か重ねて着せる場合は、それぞれがズレないように肩の位置を揃え、細部まで気を配り、着せ込みます。
②上下に別れる洋服の場合は、ウエストラインが適切な位置に来るように合わせます（スカートの場合は前中心を通す）。
③置いた状態でボリュームが足りない所には、紙などでボリュームをつけ、人間の体型に近づけ立体的に見せます（図7）。

●トップスのフォーミング
①薄葉紙を、胸の形にまるめて入れます（図8）。
②ケント紙を、U字形に胸のところに入れ、ボディの厚みを出します（図9）。
③袖にクラフト紙を筒状にして入れ、肘のところで曲げます（図10）。

●ボトムスのフォーミング
①スカートの中にケント紙を筒状にして入れ、脚に見立てます（図11）。
②パンツの中にケント紙を筒状にして入れ、脚に見立てます（図12）。

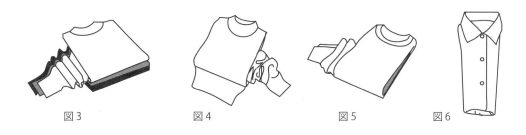

図3　　　　図4　　　　図5　　　　図6

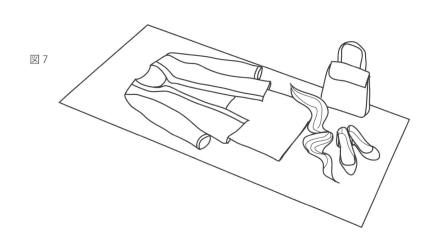

図7

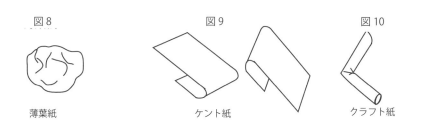

図8　　　　　　　図9　　　　　　図10
薄葉紙　　　　　ケント紙　　　　クラフト紙

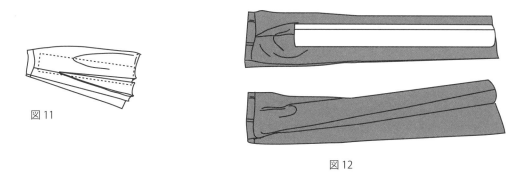

図11

図12

メンズウエアの基礎技法

基本的にはレディスと同様の方法でフォーミングします。

ボディに着せる

　スーツを着せる場合は、服のフォルムを美しく見せるために、特に服のサイズとシルエットに合ったボディを選ぶことが大切です。また、スーツ用のワイシャツの着せ方はレディスにはない方法です。

●スーツボディのワイシャツの着せ方（図13）

　最近ではワイシャツを挟み込む部品がついているボディもありますが、クリップを使う方法を説明します。

①スーツ用のボディを準備します。
②ワイシャツの肩の縫い目のラインとボディの肩のラインを合わせ、前立てのラインがまっすぐになるようにきちんと着せ、前立ての裾をクリップで留めます（ワイシャツが動かないように）。
③後ろ身頃の2ヵ所のタックの部分でゆるみをつまみ、ワイシャツだけをクリップで留めます。
④前身頃の裾を、ボディの内側に引っ張りぎみに留めます。

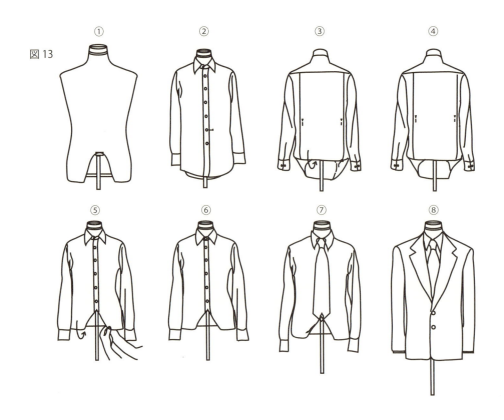

図13

⑤後ろ身頃の裾も、ボディの内側に引っ張りぎみで留めます。

⑥全体がボディにきれいにフィットしているかどうか確認します。

⑦ネクタイを結びます。

⑧上着を着せて袖にクラフト紙を筒状にして入れ、袖を曲げます（袖の曲げ方は図1参照）。

●シャツボディのワイシャツの着せ方（図14）

①シャツ用のボディを準備します。

②ワイシャツの肩の縫い目のラインと、ボディの肩のラインを合わせ、前立てのラインがまっすぐになるように、きちんと着せます。

③ボディの形状に合わせてシャツの裾を内側に折り上げ、前立てをまっすぐにして、左右の裾にクリップで留めます。

④後ろ身頃にある2ヵ所のタックの部分でゆるみをつまみ、ワイシャツだけをクリップで留めます。

⑤後ろ身頃の裾も内側に折り上げ、2ヵ所のタックの裾をクリップで留めます。

⑥全体がボディにフィットしているかどうか、確認します。

⑦ネクタイを結びます。

⑧上着を着せて、袖にクラフト紙を筒状にして入れ、袖を曲げます（袖の曲げ方は図1参照）。

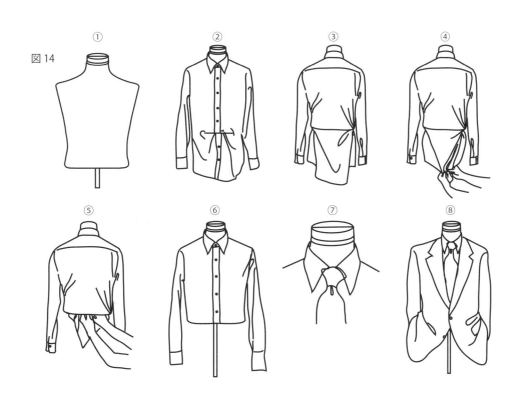

たたんで見せる

　メンズのフォーミングにはこの方法をよく使います（棚什器に陳列する時にも使う方法）。

●ワイシャツのたたみ方（図15）

①仕上がりサイズの台紙を後ろ身頃の中央に置き、台紙の上端を肩傾斜に合わせて、斜めに切ります。

②台紙をワイシャツで包むように、両袖を後ろの中心に寄せ、袖の上の部分をシャツクリップで少し引っ張りぎみに留めます。

③左袖はたたみ、右袖はカフスを出してたたみ、裾はやや狭くたたみます。

④肩から裾のラインが出ないように折り込み、折った両端をシャツクリップで台紙に留めます。

⑤表に返して、カフスの部分が目立たないように、シャツクリップで留め、全体を整えます。

　※使用する紙は洋服の素材と厚みに応じて適切なものを選びます。

ネクタイ、スカーフ、ハンカチ、バンダナ

ネクタイの代表的な結び方

　ネクタイの結び方には、代表的な方法が3つあります。この3つの方法をマスターしておけば、ネクタイに関しては、どんなファッションにもほとんど対応できます（図16）。

・プレーンノット

　　簡単で基本的な結び方です。レギュラーカラーに適します。ネクタイの結び目の下に作るくぼみ（ディンプル）を、美しく見せるのがポイントです。

・セミウインザーノット

　　結び目はプレーンノットとウインザーノットの中間の大きさで、ほとんどのシャツに適します。厚手の素材よりは、薄手のシルクなどのネクタイに向いています。

・ウインザーノット

　　英国王エドワード8世、後のウインザー公が発案したといわれている結び方です。結び目は最も大きくなります。ワイドカラーに適しています。セミウインザーノット同様、厚手の素材よりは薄　手のシルクなどのネクタイに向いています。

図 15

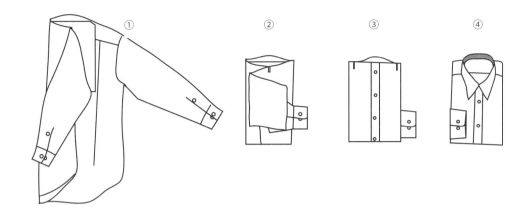

図 16

・プレーンノット

・セミウインザーノット

・ウインザーノット

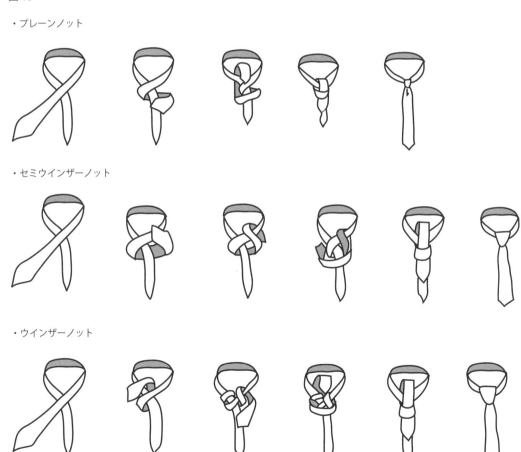

スカーフ、バンダナ、ハンカチの基本のたたみ方（折り方）

　スカーフはアレンジ次第で、ファッションのイメージを大きく変えます。美しく結ぶには、下準備となる基本のたたみ方（折り方）がとても大切です（図17）。

①バイアスたたみ
②均等たたみ（4つ）
③アコーディオンプリーツたたみ
④三角たたみ
⑤三角プリーツたたみ

図17

①バイアスたたみ

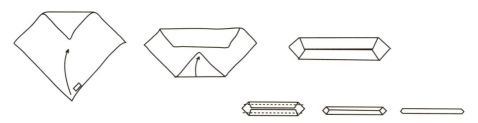

②均等たたみ

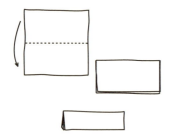

③アコーディオンプリーツたたみ

④三角たたみ

⑤三角プリーツたたみ

●いろいろな結び方（図18）

①バイアスたたみでの結び方（ⅰ）（ⅱ）

②均等たたみでの結び方

③アコーディオンプリーツたたみでの結び方

④三角プリーツたたみでの結び方

　スカーフをピンナップする際は、アンビエ、ドゥブルビエなどの生地のピンワークの技法が使えます。

図18

①バイアスたたみでの結び方（ⅰ）

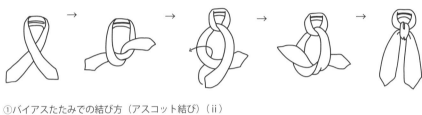

①バイアスたたみでの結び方（アスコット結び）（ⅱ）

②均等たたみでの結び方

③アコーディオンプリーツたたみでの結び方

④三角プリーツたたみでの結び方

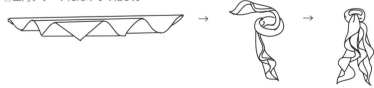

●ハンカチのたたみ方（1）
　ギフト箱に入れる時などのたたみ方 (図19参照)
　①スリーピークス
　②フォーピークス
　③その他のたたみ方（ナプキンのたたみ方と共通：図20）として三角たたみ（ナプキンのたたみ方も同じ）があります。

図19
①スリーピークス

②フォーピークス

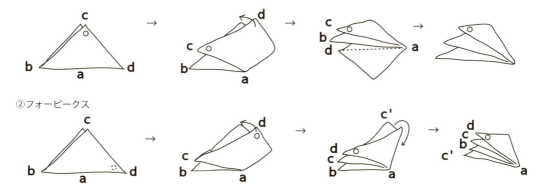

図20
③三角たたみ（ナプキンのたたみ方も同じ）

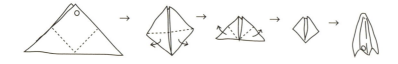

●ハンカチのたたみ方（2）
　ハンカチは、バイアスたたみ、アコーディオンプリーツたたみなど、スカーフのたたみ方でフォーミングすることがあります。また、アンビエやドゥブルビエなど、生地のピンワークの技法でフォーミングすることもあります（図21）。

●バンダナのたたみ方
　カジュアルな洋服などにコーディネートして使います。たたみ方はスカーフと共通しています。三角たたみでの結び方・巻き方が代表的です（図22の①②③）。

図 21
A アンビエでバラを作る（ピンワークの基礎技法参照）

B バイアスたたみでバラを作る

図 22

①首に巻く技法（ⅰ）

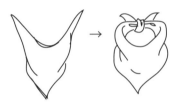

②首に巻く技法 2（ⅱ）

③頭に巻く技法

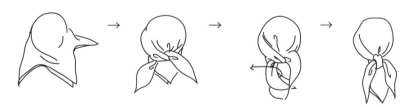

Ｔシャツ、カットソー、ニット、ブラウス

フォールデッドの技法
　芯材を使わないフォーミングです（図１）。

パディングの技法
　フォーミングで商品の中に紙、ワイヤーなど芯材を入れて形作ることを、「パディング」といいます。ピンナップ、レイダウン、フライングで展開する際に必要な技法です。
　Ｔシャツやカットソー、ニットは柔らかい風合いが特徴ですが、パディングする場合、芯に入れる紙質や入れる方法によって、さまざまなイメージを表現することができます。検定ではその方法が問題の中で指定される場合がありますが、ここではよく使われる基礎的な技法について説明します。

●パディング例Ａ
　壁面やパネルにピンナップする場合などに用いる方法です。主にケント紙、クラフト紙を芯材に使います。
（１）レディスＴシャツ（ラウンドネック）の場合、左右の肩幅の３分の１襟繰り寄りのところを身頃幅とし、丈は襟繰り中央から約30cmくらいのところを身頃丈としてケント紙をカットしておきます（図２）。
（２）後ろ身頃に（１）のケント紙をあて、Ｔシャツの前身頃を後ろに折り込みます。半袖、長袖とも片方の袖口は見せるようにします。後ろではズレ止めにシャツクリップで留めます。この際、前から見てクリップが見えないようにします（図３）。

●パディング例Ｂ
　ピンナップやレイダウンをする場合に用いる方法です。ケント紙、クラフト紙、薄葉紙を芯材に使います。
（１）メンズ長袖ニット（Ｖネック）の場合、左右の肩幅の２分の１襟繰り寄りのところを身頃幅とし、着丈いっぱいまで、長く細長い形にケント紙をカットしておきます（図４・026頁）。
（２）後ろ身頃にケント紙をあて、ニットの前身頃を後ろに折り込みます。袖は構成によって片方か両方を見せるようにします。後ろではズレ止めにシャツクリップで留めます（ローゲージのニットの場合、安全ピン、洗濯バサミなどを使うこともあります）。いずれも前からはクリップなどが見えないようにします（図５）。

図1

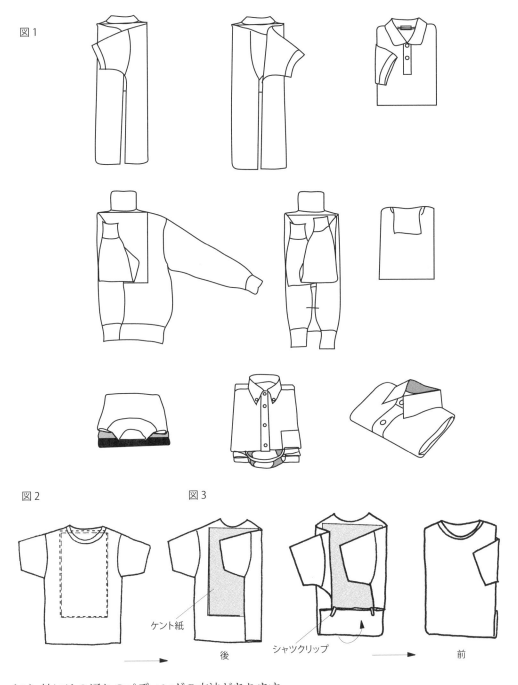

図2　図3

ケント紙
後　シャツクリップ　前

（3）袖には2通りのパディングの方法があります。
　　ア）袖よりやや内輪のサイズにカットしたケント紙を袖に入れ、ウエーブ状に山を作ります（図6）。
　　イ）袖に筒状に丸めたクラフト紙を入れ、肘位置で曲げポーズを作ります（図7）。

図4 ケント紙またはクラフト紙

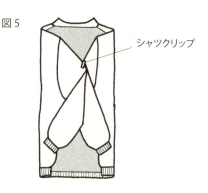
図5 シャツクリップ

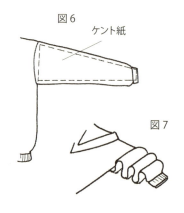
図6 ケント紙 / 図7

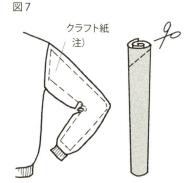
図7 クラフト紙
注）商品が白色、荒い網目の場合白色模造紙等も使用する

● パディング例C

ピンナップやレイダウンで展開する時に用いる方法です。ボリューム感があり、他の商品と組み合わせる際に、メリハリのある構成になります。

（1）レディスブラウスの身頃幅に合わせ、丈は襟元から4つ目のボタンあたりまでの大きさにケント紙をカットします。薄手の合繊ブラウスでは、薄葉紙をたたんで使うと、優しい感じに仕上がります（図8）。

（2）ケント紙をブラウスの後ろ身頃にあて、長袖はアームホールから後ろに折り込み、裾も後ろに折り込みます。ズレ止めにシャツクリップを使います（図9）。

（3）身頃全体を大きな筒状に丸め、後ろをクリップで筒を閉じ合わせるように留めます（図10）。

（4）袖を見せる方法にはデザインにふさわしい見せ方が必要です（図11）。

　ア）片方の袖口を前につまみ出し、前身頃にクリップで留め、見せるようにします（両袖でもよい）。

　イ）薄手の合繊ブラウスの場合は、片方（両方）の袖に薄葉紙をフワッと軽く筒状に丸めて袖口のほうから入れます。（肘を曲げるなどの）ポーズをつけます。

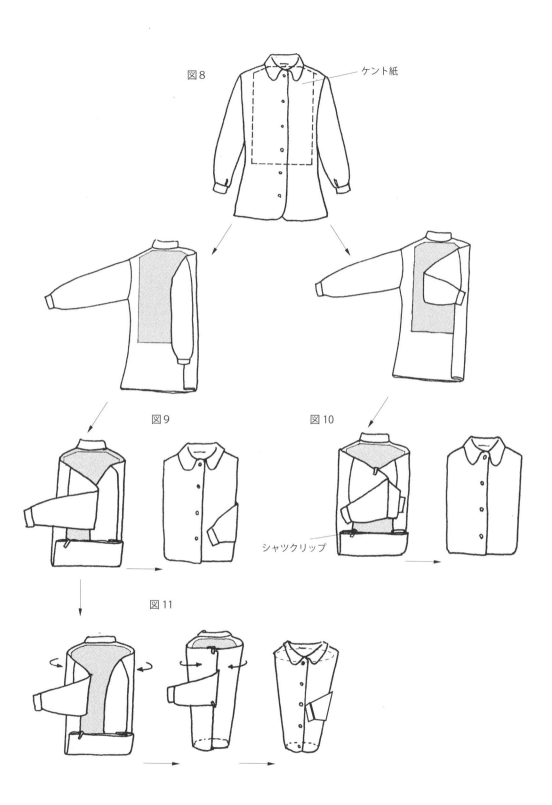

靴下、手袋の演出

　ファッションのトータルコーディネイト上では、これらのアイテムは服飾雑貨としてウエアを引き立てる脇役のように扱いがちですが、それぞれの売場では主役です。商品特性をよく理解して魅力を引き出し、付加価値の演出をすることが大切です。

靴下の陳列
●パディング例 A
　靴下のパディングには、ケント紙を靴下の形に切り取って、中に入れる方法があります。柄物やワンポイント刺繍柄などに適しています。ピンナップやギフト提案の際に使う技法です（図12）。
●パディング例 B
　ボディのウエアリングで、足元に靴を置く場合は、靴下の中にケント紙やクラフト紙を筒状に入れて着装感を演出します（図13）。

手袋の陳列
　手袋は日本の売場ではフック什器に掛ける（ハンギング）という方法が主ですが、海外の専門店ではGケース内に重ねて（フォールデッド）陳列してある場合もあります。
●パディング例 A
　この方法はいろいろな素材の5本指手袋で用いられます。手袋のサイズより2～3mm小さめにカットしたケント紙を手袋の中に入れます。紙芯を入れると、商品に張りが出るので鮮度が感じられ、商品の魅力をより引き立てます（図14）。
●パディング例 B
　手袋を立体的にパディングするには、ニットやジャージ、サテン、レース、合皮素材の5本指タイプが適しています。天然皮革の手袋は一度指を通したり、芯を詰めたりすると型崩れしやすいので細心の注意が必要です。左右の5本指のすべてに紙芯を入れる場合、紙はクラフト紙や包装紙や薄葉紙を使い、手首部分で5本の紙芯を束ねて留めます（図15）。
　このほか、ヨーロッパで生まれた技法の1つに、ウールジャージーや綿の手袋に薄葉紙とワイヤーを入れ、手の表情を演出する方法があります（図16）。

図12

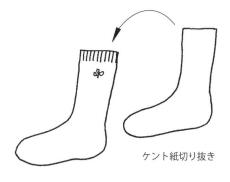

ケント紙切り抜き

図13

クラフト紙

図14

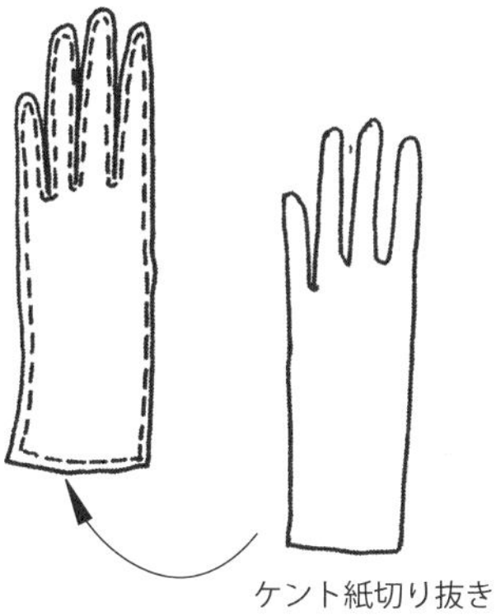

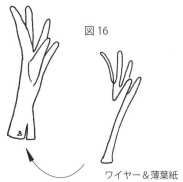

ケント紙切り抜き

図15

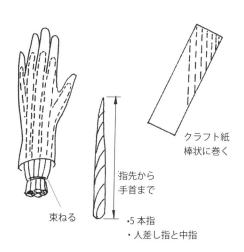

束ねる

指先から手首まで

クラフト紙 棒状に巻く

・5本指
・人差し指と中指

図16

ワイヤー＆薄葉紙

029

タオル、ナプキンの扱い方

タオルの陳列

　タオルは耳と端の折り返しに特徴があります。この部分の扱い方次第で美しくもなり、だらしなくもなります。両耳はタオル本体より少し縮んでいるので、そのままピンナップすると、ツレが出て美しく見えません。検定では、その扱い方を指定されることがありますから、このような商品特性も知っておくとよいでしょう。

●フォールデッド例（図17）

　タオルは陳列の場（IP）ではたたむ、積む、置くといった扱い方が基本になりますが、その場合は色や柄、サイズなどによりふさわしい分類で陳列することが大切です。そのほか、バーやフックに掛けるなど、さまざまな表情で陳列できます。バスタオルやビーチタオルはサイズが大きいので、慣れないと手に余るものです。日頃から、売場に陳列されている状態やたたみ方を見ておくと参考になります。

図17

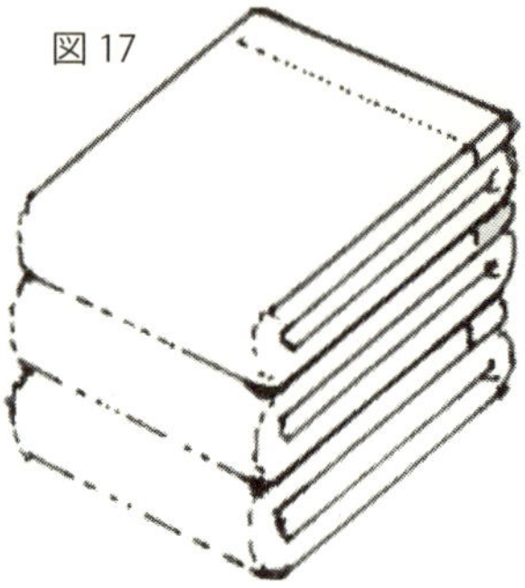

薄手のタオルなどは、中に紙を1枚入れてたたむと、ボリュームが出る

バスタオルの三つ折り

（1）クラフト紙または包装紙を、バスタオルの幅の3分の1サイズにカットしたものを用意します。紙質が薄い場合は2枚重ねにします。タオルの長手のほうを縦に均等に三等分し、内側に紙芯をあて端を内側にたたみます。こうするとタオルのふっくらした特徴が損なわれず、ピンナップしても、つれずに美しく仕上がります（図18）。

（2）（1）でたたんだバスタオルを二山、三山にたたんだり（図19）、丸めたりしてタオルの魅力を表現します。丸める場合は、そのまま丸めると内側がズレて巻き終わりに端が揃わなくなります。内側に片手を添えて、巻きのほうに押し込みぎみに巻いていくと、端にズレがなくきれいに丸めることができます（図20）。

フェイスタオルのたたみ方

　フェイスタオルは基本的にはドライ使用です。一般的にいう浴用タオルと比べると、少し幅広で短かく肉厚な商品が多いので、折りたたみ方によっては芯材を使わなくても、ある程度張りのあるボリューム感を演出できます。

●長手面を折りたたむ（図21）

　タオルの長手の面を半分に折り、一方の面を均等な三つ折りにします。片手で折り山を持ち、

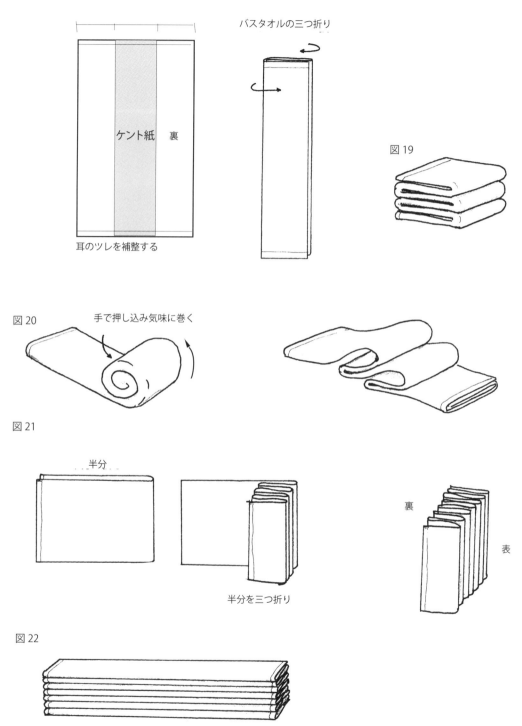

図18 バスタオルのたたみ方／バスタオルの三つ折り／ケント紙　裏／耳のツレを補整する

図19

図20 手で押し込み気味に巻く

図21 半分／半分を三つ折り／裏　表

図22

もう片方の面を同様に均等に三つ折りします。こうすると、タオルの端と折り山がきれいに見え、短時間で均等きれいな折り山ができます。

●幅を折りたたむ（図22）

　肉厚のタオルでは端の折り返しが厚くなるので、この方法では美しくたためません。薄手の浴用タオルに向いていますが、この場合、折り山に折り幅のケント紙の芯を入れたり、クラフト紙とタオルを一緒に折りたたんでいくと、しっかり折り幅が揃ったフォーミングができます。

ハンドタオルのたたみ方

●たたむA

　いずれのタオルも折り返しの端は厚くなっていますから、サイズが小さくなるとその分、三つ折りしにくいうえ、中央で二つ折りにすると折り山がとれ、丸く半円に開く形になります。ハンドタオルはゲストタオル、お絞りタオルなどといろいろな呼び名がありますが、ドライ使用のものをハンドタオルといい、正方形に近い形で肉厚なタイプが多いようです。折り返しのほうではなく、耳のほうを折りたたんでいくときれいにたため、中央で二つ折りにすると折り返しに張りがあるので、きれいな扇型に開きます（図23）。

●たたむB

　ネクタイ型にたたむ方法です。バスグッズなどと組み合わせて展開する場合には、変化があり、方向性が出るのでアテンション効果があります。薄手のタオルは中央に紙芯を入れると張りが出ます（図24）。

●たたむC

　色違いで何色か並べて見せる時に美しく見えます。薄手のタオルは紙芯を入れます（図25）。

ナプキンのたたみ方

　ナプキンは綿素材が多く、折りたたむことによって美しいフォルムを作り出します。テーブルウエアとともに、食卓の演出には欠かせない商品の1つです。ナプキンのたたみ方は「ナプキンホールディング」といって、有名ホテルのシェフやテーブルコーディネーターによって考え出されたものが多いです。折りたたみ方の種類はかなり多く、国や店によっていろいろな方法があります。また、宴席の内容によっても使い分けがあります。ここではよく使われる代表的な方法を紹介します。これら以外の方法は参考図書『VMD用語事典』にも掲載してありますので参照してください。

図23

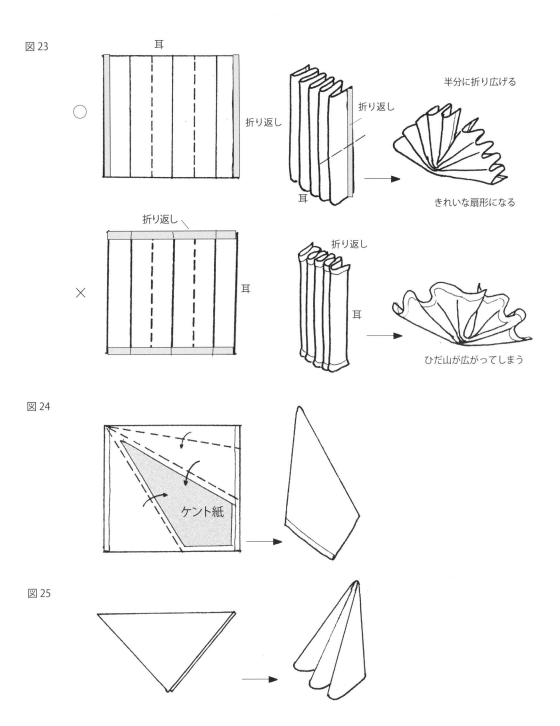

図24

図25

● ビショップスマイター（図26）

　法王の冠という名称のある、折りたたみ方です。

図26

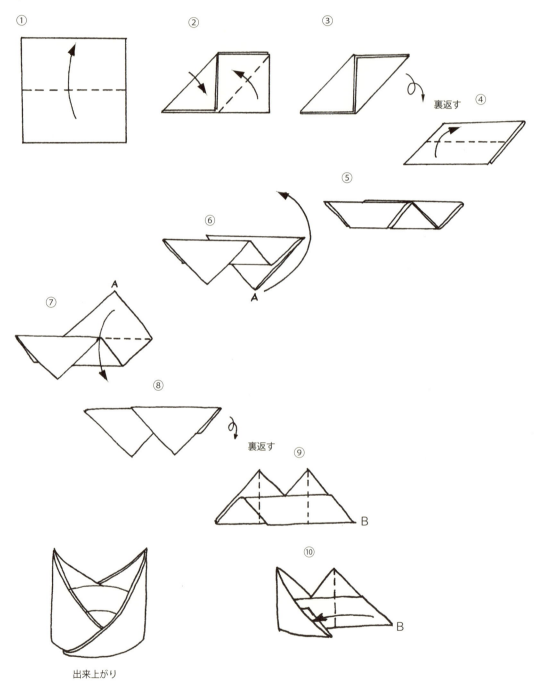

出来上がり

●フラワーパッド（図27）

花のつぼみに似ているので、この名があります。

図27

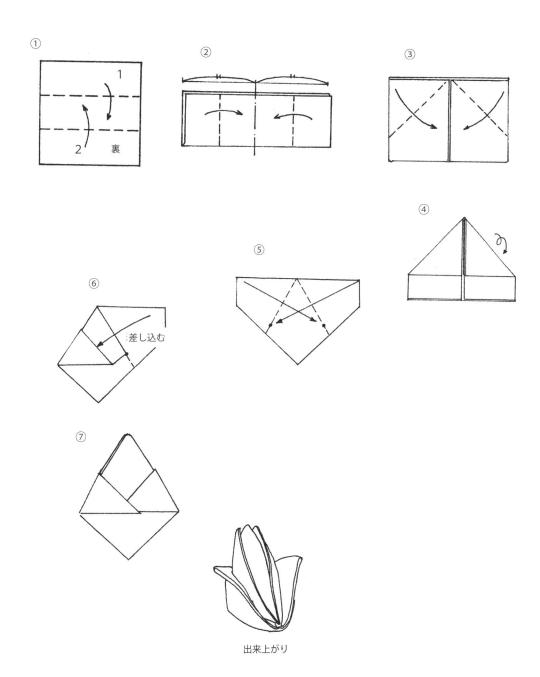

出来上がり

●スタンディングファン（図28）
　お皿の上に扇が立っているように見えるので、この名が付けられたようです。

図28

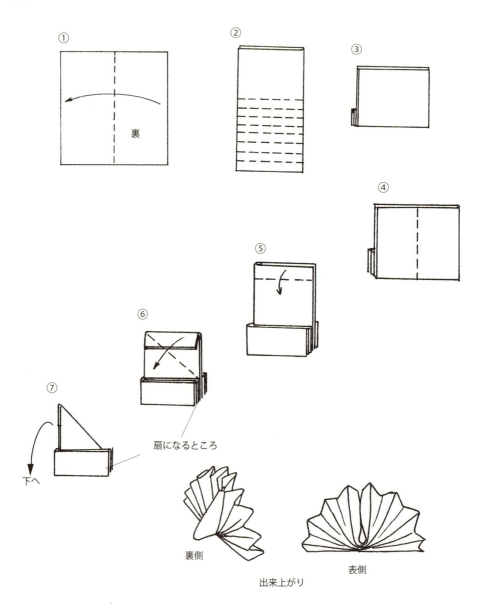

ピンナップの基礎知識と技法

　ピンナップとは、ピンを使って壁面や柱面、パネルボードなどに商品を張ったように見せるテクニックです。ピンを使うテクニックの総称をピニングといいますが、ピンナップもその1つです。商品の特徴や展開する場所の形状や構成を上手に生かせば、幅広く使え、効果的な見せ方ができるMPの基本的なテクニックです。しかし、ピンを使うのですから、

・使ったピンの数を把握しておく

・商品に傷がつかないようにする

　など気をつけなければならない点があります。また、お客さまが直接商品に手を触れる売場では、PL法（学科編053頁参照）の施行以来、商品展示にはなるべくピンを使用せず、クリップなどに代える傾向になっています。しかし、MPにおいて知識や技術をもつ必要がないということではありません。ピンを使用する場合は、けがなどをしないように配慮することがより必要となりました。それぞれの項を参考に、基礎知識と技術をしっかり身につけ、正しいピンナップができるようにしましょう。

ピンナップに必要な用具類

　ピンナップをする際の用材、用具に、ピン、ピンクッション、金づち、ニッパーなどが使われます（学科編050頁参照）。ピンは主として3号ピンを使いますが、商品の素材や重さなどによって、シルクピン、5号ピンなどの使い分けも大切です。商品に合ったピンを使いましょう（表1）。

　商品にシワやたるみがなく、きれいに見せるためには、ピンの打ち方がポイントになります。また、ピンを打ちやすくするためには、正しい金づちの持ち方と使い方も覚えましょう。

表1　ピンナップに使用するピンと主な商品

ピンの号数	適している主な商品
1号・2号 （極細シルクピン）	シルクシフォンやジョーゼット、ポリエステルの薄手スカーフ、薄手ランジェリー、ファンデーション、薄手ブラウスなど薄くて柔らかくデリケートな商品のピンナップなど。
3号	Yシャツ、綿、麻などのブラウス、カットソー、軽いジャケット、ハイゲージのニット製品、エプロン、各種タオルなどのピンナップ。Yシャツ、タオル、ハンカチ用のギフトBOXのピンナップなど。段ボールや発泡スチロールのボードや箱のピンナップなど。
5号 （ロングピン）	マット、タペストリー、キリム、タオルケットなど厚手の繊維製品、ツイード、フェルトなどのウール製品のピンナップなど。ドレープをたくさん寄せてまとめる場合など。厚いギフトBOXのピンナップなど。

①金づちは打つ面が平らで、小ぶりのものを使います。持つ位置は、柄の中心より少しうちよりです（図1）。

②金づちを打つ向きは、ピンの方向と同じです（図2）。片方の手でピンを持ちます。

③ピンは基本的に、打つ面に対して斜め45度くらいの角度で打ちます（図3、図4）。打つ面に対して直角（90度）に打つとピンは曲がりやすく、また商品にかかる力が弱いために、商品が外れる原因になります。

④段ボール板やスチロール板などの、材質の柔らかいものや厚みの少ないものに打つ場合は、ピンが裏面に突き出ないように、角度を小さくして打ちます（図5）。

⑤ピンの方向は、基本的に商品の中心に向くように打ちます（図9・041頁）。商品の素材と打つ位置によっては、基本と異なる場合もありますので、詳細は各項を参照してください。

⑥ピンを外す際、商品を傷つけないようにしましょう。ニッパーの使い方が大切です（図7）。ピンを強く打ち込み過ぎると、外す際に商品を傷つけます。一方、打ち足りないと、商品が外れてしまう原因になります。商品の素材や重さ、打つ面の材質を考慮することが大切です。

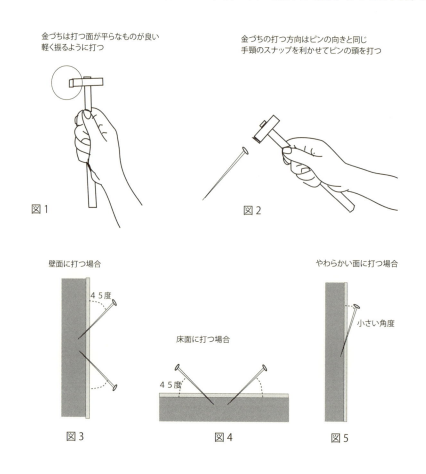

図7

ボードの材質が柔らかい場合はまっすぐ抜く 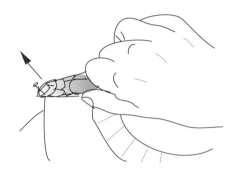 ボードが硬い場合はテコの応用で抜く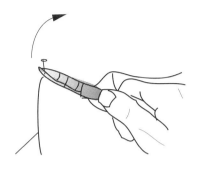

段ボールパネルのピンナップ

　商品装飾展示技能検定の作業試験（実技試験）は、実際の店舗で実施されるのではなく、特定の試験会場内で行います。そのため、各年度、各級の問題にふさわしい試験を実施するために、売場におけるプレゼンテーションの場を想定して、段ボールを用いた模擬的な作業スペースを作ることから始めます。段ボールは、級を問わず比較的扱いやすい素材でもあることから、技能検定の実技試験で用いられています。

　試験問題の内容にもよりますが、試験当日には試験会場で、幅や奥行き、高さなど、決められた寸法と形を想定した段ボールパネルが、各受検者に平等に支給されます。この段ボールパネルの扱い方は、どの級においても、「ピンナップ」という基礎技法の技術力を問う形になっています。段ボールパネルで作られたスペース内で問題にある商品を展示装飾するわけですから、手際良く、美しく、しっかりとピンナップによって組み立てなければなりません。日常の展示装飾の作業実務ではあまり使わない方法ではありますが、この検定の技能を測るために必要かつ重要な基礎技法ですから、きちんと把握し、身につけておく必要があります（図8）。

図8　段ボール板をピンで組み立てる

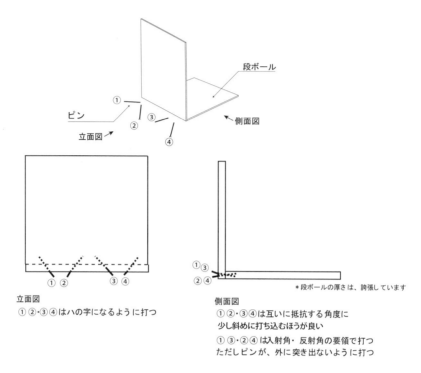

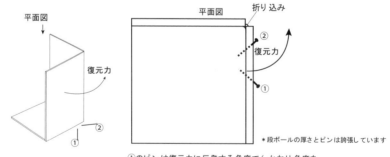

ウェアをピンナップする

　ここではポロシャツを例に説明しますが、基本をマスターしていれば、商品が違ってもやり方は同じです。大切なことは、商品の価値観を最大限に表現することです。ピンナップする前に、商品のセールスポイント（デザインなど）が何なのかを見極め、見せ方を考えましょう。

ピンナップは幅広く使えるテクニックではありますが、皮、合皮、ビニール、シルクなどの素材はピンの跡が残り、商品としての価値を損ねてしまうので、縫い目以外の場所にはピンを打たないようにします。高度で熟練したスキルを必要とするので、できればこのような商品は、ピンナップでの見せ方は避けたほうがよいでしょう。

①ピンを打つポイント箇所……（図9）

②ピンの数は必要最小限にする……打つポイントを把握する（図8）

③商品に傷がつかないようにする……縫い目に打つ（図10）

④ピンは目立たないようにする……商品の内側に打つ（図11）

　つまり、良いピンナップとは、

・商品の価値を引き出している

・商品を傷つけていない

・できるだけ少ないピンで仕上げてある（検定では指定されているピンの本数で仕上げることが必要）

・ピンが目立つことなく、美しい形づけができている

　ということです。

　ピンを打つポイント箇所を把握することで、無駄なピンを省けます。また、ピンの先が表に出てしまうような使い方や、ピンの取り忘れなどでけがの原因を作らないよう、十分注意しましょう。検定では、商品展示のために組み立てる段ボール製のバックパネルとベースパネルについて、こうしたピンの使い方を問う出題がされています。

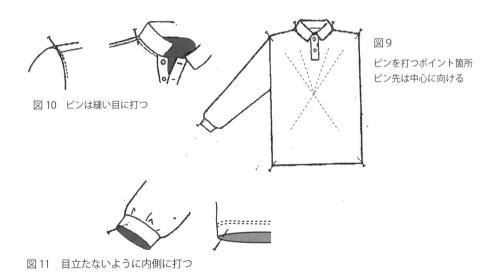

図9　ピンを打つポイント箇所　ピン先は中心に向ける

図10　ピンは縫い目に打つ

図11　目立たないように内側に打つ

洋品をピンナップする

靴下

●平面的に仕上げる

ケント紙などをパディングする場合は、ひと回り大きくするときれいにフォーミングできます。脛(すね)の部分は少しだけ短くカットし、表から見えないようにします。基本的には、上部をピン2本で留めます。角度をつけるには、加重のかかる部分にピンを最小限打ちます。

●立体的に仕上げる

実物より少しだけ短くしつらえたパディング用材も一緒に留めます。

足首に切れ込みを入れると表情がつきます。

補強でかかとや指先にピンを打つとしっかり留まります。

手袋

●平面的に仕上げる

手の甲を見せることを基本とします。ピンの数は最小限にし、ピンの頭が見えないようにします。

●立体的に仕上げる

それぞれの指の形や長さに合わせた用材を詰めます。

手首の部分をセロハンテープなどでひとまとめにします。

パディング用材は、表から見えない長さにします。

表情をつける場合、力の入る指先にピンを隠すように打ちます。

雑貨をピンナップする

布類

ハンカチ、バンダナ、ナプキン、タオル

シルクピンを商品の中心に向かってシワやたるみがないように、四隅の縫い目に打ちます（図12）。

・二つ折り……布の折り目の輪の中と、合わせた布の四隅にピンを打ちます（図13）。

・スリーピークス……布の折り先が垂れ下がらないように、折り先の輪の中にそれぞれピンを打ちます（図14）。

・三つ折り……折り目の輪の中の四隅にピンを打ちます（図15）。

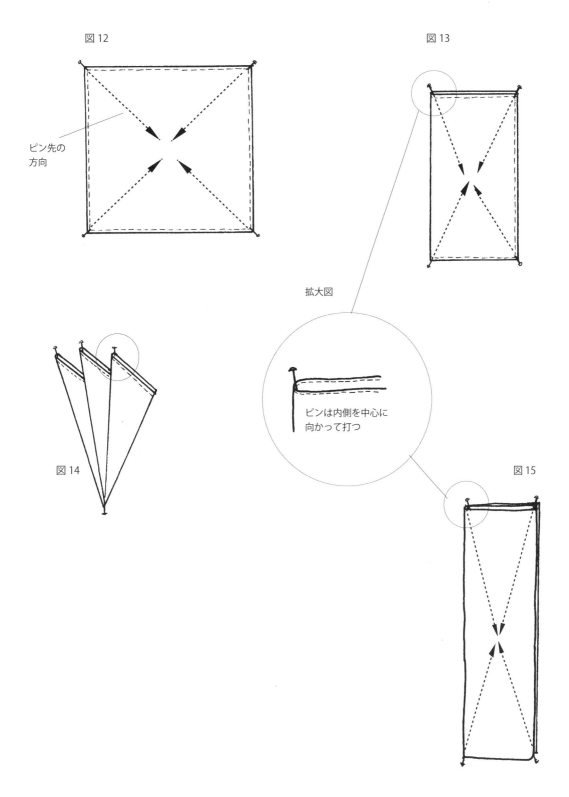

雑貨類

（1）ギフトボックス

　演出物としてピンナップする場合は、箱に直接、ピンを打ちます。

・**大箱**……3号ピンを箱の中心に向かって四隅に打ちます（図16）。

・**中～小箱**……3号ピン2本で箱の中心に向かって、上下の対角にピンをそれぞれ打ちます（図17）。

　商品としてピンナップする場合は、箱に傷がつかないように、リボンにピンを打ちます（図18）。

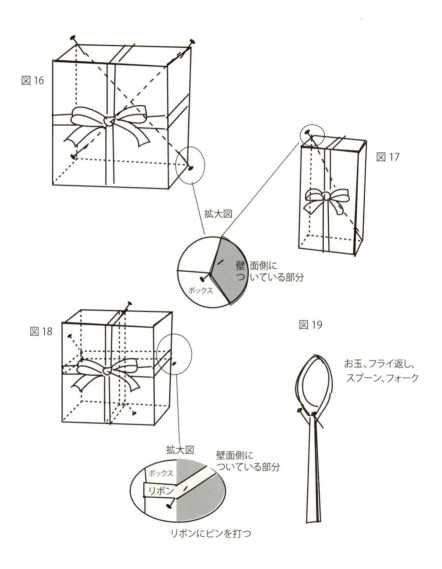

（2）キッチン小物

- **おたま、フライ返し、スプーン、フォーク等**……柄にくぼみがあるものは、くぼみの幅に合わせ、3号ピン2本を平行に打ち、掛けて押さえるようにします（図19）。
- **箸**……ピンを打つ面に対して斜め上（約45度の角度）に、箸の長さに合わせ、3号ピン2本を平行に打ち、箸を載せるようにします（図20）。
- **ざる**……ざるは底に丸みのあるものが多く、ピンを打つ面との接点が少ないので、しっかりとピンナップするには、接点の編目上下から3号ピン2本でクロスするように、2ヵ所留めます（図21）。
- **巻きす**……巻きす上部の編み糸に、斜め横（約45度の角度）に、3号ピン2本で留めます（図22）。
- **ミトン、鍋つかみ**……布類は商品をできるだけ傷つけないよう、縫い目にピンを打ちましょう。

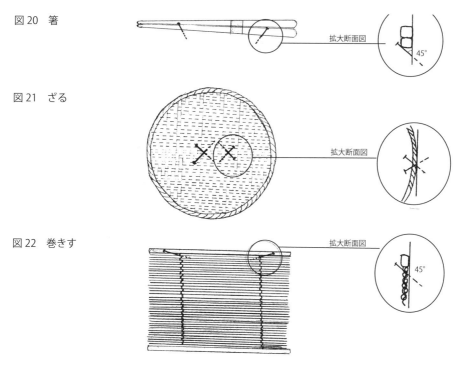

図20　箸

図21　ざる

図22　巻きす

（3）バス用品

- **石鹸ケース**……ケースにピンは打てないので、セロファン等でキャンディ包みにし、リボン掛けをします。ピンが目立たないように、リボンに3号ピンをそれぞれ打ちます（図23）。

図23　キャンディ包み

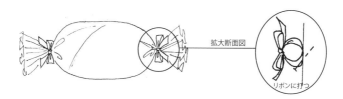

テグスワークとフライングの基礎技法

　テグスワークとは、「テグス」という透明な吊り糸で、空間に商品を演出するフライングの技法です。テグスの結び方と、商品を吊るすためのテグスとピンの扱い方など、基礎をしっかり覚えておきましょう。また、テグスワークが可能かどうか、空間の構造などを確認することも大切です。商品の動きの美しさを表現するには、少ないテグスであまり目立たない使い方をすることがポイントです。

　また、近年、売場内では防犯のためにテグスを使用する場合もあります。バッグなどの皮革製品にテグスを結ぶ場合は、皮表面にテグス痕が付かないよう、保護のために細いチューブ等にテグスを通して留める場合もあります。しっかりと基本の結び方ができるようにしておきましょう。

テグスワークの基本

　テグスの号数は素材と重さとの関係で選びます。一般的には3、4、5号を使いますが、商品や小道具の大きさ・重さ次第で、細いものは1号から、太いものでは10号、15号、20号なども使うことがあります。テグスはすべりやすく、結びにくいので、しっかり結ぶ手法を覚えておきましょう。
①輪を作る結び方は、取り付け位置の変更や商品の入れ替えが容易（輪の長さ約2〜3cm。図1）。
②輪でフックに掛けて引き締める結び方（2、3回ねじると強い。図2）。
③ルーバーや穴などに通して掛け、引き締める結び方（結びを2回繰り返すと強い。図3）。
④床に打ったピンへのテグスの結び方（結びを2回繰り返すと強い。図4）。
⑤ガンタッカーで押さえてのテグスの結び方（結びを2回繰り返すと強い。図5）。

フライングの方法 〜空間に商品が飛んだように見せる

　フライングは主にショーウインドウなどの空間で商品を演出する際に行います。吊るす商品と、テグス、ピン、ガンタッカーとの関係をマスターしましょう。商品の特性や重さに応じて、使うテグスの号数を選びます。使う場所や商品に応じた使い方をしましょう。テグスは号数が大きくなるほど太くなります。

　検定の持参品の中にテグスの号数が指定されている場合があるので注意しましょう。

図1 1 2 3 4

図2 1 2 3 4

図3 1 2 3 4

図4 1 2 3 4

図5 1 2 3 4

047

テグスとピンの使い方（商品を傷めずに美しく吊るす方法）
- ●襟付きの場合は、図6のように襟付け線の裏側よりピンを打ち、表側に出したピン先にテグスを掛けた後に、ピンの先を再度裏に戻します（ピン先は危険なので表に出したままにしないように気をつけましょう）。
　襟なしの場合は、襟ぐりで肩のラインに沿って裏側よりピンを打ち（図7）、表側に出したピン先にテグスを掛け、再度裏に戻します。縫い目の穴やステッチなどを利用しましょう。
- ●スカートなどの流れを表現する場合は、裾を持ち、動きのラインに沿って裏側よりピンを打ち、上から引いてきたテグスを掛けて結びます。さらに、そのテグスを下に引いて、位置を安定させます。
- ●また、スカートの自然な流れを作り、テグスを壁面に1本で引くこともあります（図9）。
- ●袖の表情を出しながら、袖口部分の縫い目やステッチで、裏側よりピンを打ち、上から引いてきたテグスを掛けて結び、そのテグスを下に引いて位置を安定させます。また、テグスを壁面に1本で引くこともあります（図10）。
- ●生地やスカーフなどひだをたたんだところを、裏側からピンを打ち、ピン先にテグスを掛けて裏側に戻します。アンビエの先は、自然な流れでテグスを引きましょう（図11）。
- ●角のところで裏側からピンを打ち、ピン先にテグスを掛けて裏側に戻します。ピンは中心に向かう方法です（図12）。
- ●布端の縫い目に沿ってピンを向ける方法です（図13）。

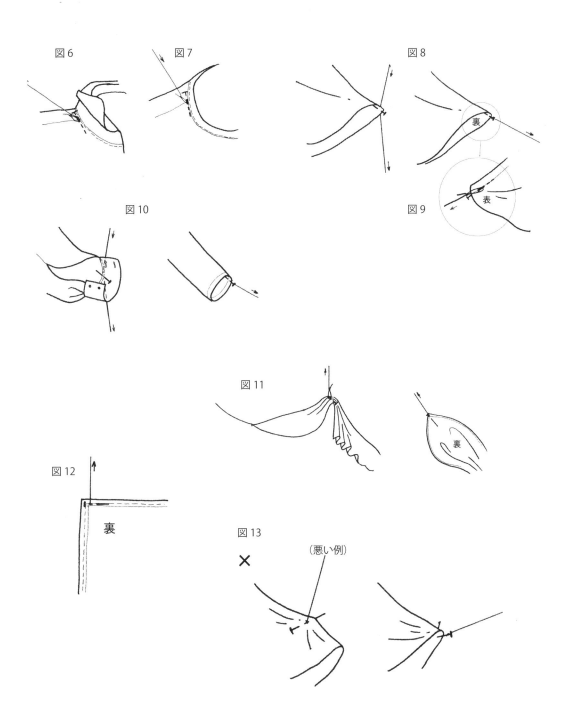

049

ピンワークの基礎知識と技法

　ピンワークとは、布をマネキンやボディ、演出小物、パネルなどにピンで留めながら表現する技術で、ビジュアルプレゼンテーションテクニックの1つです。

　同じテクニックを使っても、素材やたたむ長さと量でまったく異なった形やイメージになります。布地による環境の演出や、カーテン、寝具、テーブルクロス、ナプキン、タオル、スカーフ、ハンカチーフなど布製品のビジュアル表現にも使われます。

　素材のもつ特性をよく理解し、素材とコンセプトに合ったテクニックを使い分ける練習をすることが大切なポイントです。ピンワークは、すべての布製品の基本となるテクニックなので、しっかり身につけましょう。

基礎テクニックの種類と内容

アンビエとドゥブルビエの技法

　布地をバイアスにたたんで「ひだ」を作っていく技法です。

　アンビエは布地の角を基点に4分の1円を描くようにたたみ、ドゥブルビエは布の耳の1カ所を基点に半円を描くようにたたんでいきます。

　適した布地は、デシン、ジョーゼット、サテン、柔らか味のあるウール、ベルベット、チュール、オーガンジー。

●アンビエ（図1　写真1、写真2）
① 布地の角A点を持ち、一方の手で任意のABを取り、折り山を作ります。
② ABの長さを保ちながら、弧を描くようにB'まで均一にたたんでいきます。
③ アンビエの始まりと終わりの面は、布地の表にするのが基本です。たたみ幅を調整しながら仕上げてください。

●ドゥブルビエ（図2、写真5）
① A点を基点に、半円を描くようにたたんでいきます。方法はアンビエと同じですが、布が倍になるので、左右の手の間隔をしっかりと保つことがポイントです。
② 仕上げたアンビエやドゥブルビエは、そのままバーやフックに掛けても、美しいディスプレイになります。特にドゥブルビエはボリュームがあるので、ひだの先を巻いたり広げたりすると、発展的な形になります。いろいろと試してみましょう。

図1
<アンビエ>

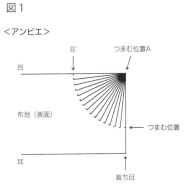

写真1

写真2

右手でアンビエのひだを
取り始めたところ

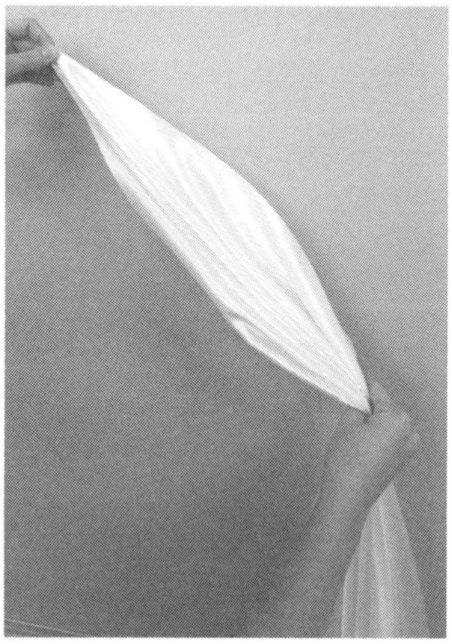

アンビエのひだを集めたところ。
ひだを挟むように持つ

図2
<ドゥブルビエ>

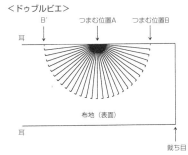

写真3

表面の折り山を揃えて、図のように
折り山の際（きわ）からピンをひだに対して
直角に縫うように刺し、たたんだひ
だを留めます

写真5

ドゥブルビエでひだを取り集めたところ。
A−Bは丸みを持つ

写真4

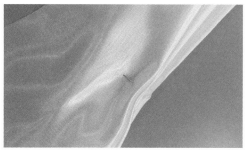

051

ドレープの見せ方

布地を下げた時に出る自然なしわを、ドレープといいます。

適した布地は、デシン、ジョーゼット、サテン、ベルベット、柔らか味のあるウールです。

ドレープの山がバイアスになるように布を留めていくと、美しい形に仕上がります。

ギャザリング（図3）

ギャザーを寄せることで、布地を立体的に表現するテクニックをいいます。華やかで動きのある表現に適しています。

適した布地は、オーガンジー、チュール、タフタ、その他いろいろな素材でできます。

①布地にギャザーを寄せながら、ピンでボディやパネルに留めていきます。ピンを打ったところがデザイン線になるので、初めにラインを決めておきましょう。

②強く流れるようなギャザーを作るには、ピンを打つ位置が上下や左右にズレないように、一線上に打つことがポイントです。

③ギャザーを取る量や間隔によって、布の表情が変わるので、単調にならないようにリズム良く仕上げましょう。

マネキンなど直接ピンを打てない素材は、土台布を巻き、それにピンで留めます。布地を糸やテグスで縫い縮め、ギャザーを作った後でピンで留め付けていく方法もあります。

タッキング（写真6）

布地をつまみながら浮き立たせて、立体的に表現するテクニックをいいます。ボディやパネルなどにピンで留め付けていきますが、床やテーブル上などではピンを使わずにまとめる場合もあります。布量は仕上げる面積の約3倍必要です。

適した布地は、サテンやタフタなど少し張りのあるもの、サテン、ウール、綿です。

①バイアス地をつまみ上げて布を立たせながら、ピンで留めていきます。つまんだ山の部分と谷になる部分が同じ高さと深さになると美しく仕上がります。ピンが打てるボディやパネルなどは、ピンに角度をつけて縦に打ちます。環境を演出する時には、ガンタッカーで留めることもあります。マネキンなどピンが打てない素材のものは、土台布を巻き、布の動きに合わせて土台布に留めていきます。

②さまざまな方向からバイアス地を取り、寄せて上げていきます。このとき、布の方向が一方向にならないようにつまみ上げることがポイントです。

③単調にならないように、最後にタッキングの高さと分量のバランスを調整し、仕上げます。

図3

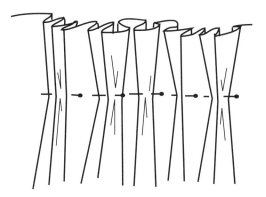

写真6

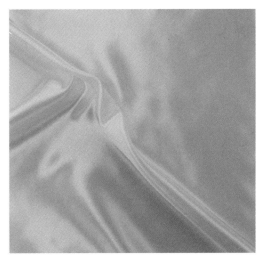

タッキングの山のつまみ初め

タッキングの山と谷を揃えて仕上げたところ

053

商品装飾展示に必要なパネルの扱い方

布でパネルを包む

布をフラットに巻き込む場合
　布の表裏や布目を確認します。布の裏面の周囲に両面テープを貼っておきます。まず、布目の縦地方向をパネルの上下の方向に合わせて、布を巻き込みます。全体の布にたるみが出ないように、引き気味にします。角の始末も整えて、同じように布目の横地方向はパネルの左右方向に合わせて、裏側に巻き込みます。布に畝(うね)がある時は、ひだと畝が平行になるようにしましょう。紙のボードなどにピンで留める時には、ピンがパネルの裏に出ないように注意しましょう。

布にひだ山を作る場合（図1）
　例：ボード（700mm × 700mm）を布（900mm × 900mm）で包み、左から200mmのところから、出来上がり幅が20mmのひだを3本作る場合。

①ボードに張る前に、布のサイズとひだ山の数を計算して、ボードが布の中央になるように配置し、作業にかかります。サイズを測りながら、ひだ山がゆがまないように、引き気味にピンで仮留めします。ひだをピンで留めるように指示している場合には、ひだの陰で目立たないようにピンを留めましょう。

②仮留めをしたら裏返して、折り代を両面テープやピンなど、指示された材料で留めます。折り代は、全体に均一になっているのがよいでしょう。仕上がったら、仮留めのピンを外します。

図1

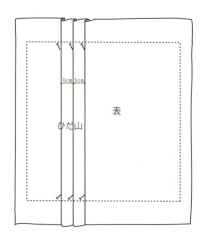
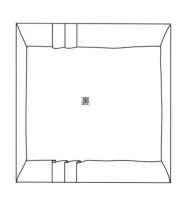

ラッピングの基礎知識と技法

　ラッピングとは、紙や布を用いて物を包むことです。「包む」というひと手間に贈り手側の気持ちを込めたものです。商品装飾展示作業では、展開テーマにより、さまざまなギフトシーンを表現するためのラッピング技術が欠かせません。検定の中でも級を問わず、このラッピングについての理解力と技術力が試されます。

　ラッピングは、贈り物をきれいに包む以外に、その用向きによって包み方が異なります。それぞれの内容に合わせ、しきたりやマナーを踏まえた適切な包み方で、失礼のないようにしたいものです。

箱の種類と部位の名称

四角い箱の包み方
①斜め包み／デパート包み（図1・057頁）

　四角い箱を包むのに適した、基本的な包み方です。紙の対角線上に箱を置き、回転させながら包みます。斜め包みはデパートで用いられていることから、デパート包みとも呼ばれます。この包み方でサイコロ型の箱を包むのは難しいので、他の包み方を選ぶほうがよいです。

★慶事の包み方（図2）

　日本では一般的に、慶事と弔事では、上下・左右を逆さにするしきたりがあります。慶事の包み方は、包装紙の右側に箱を置き、箱上部が左側（包装紙内側）にくるように置いて包み始め、最終の包装紙の端を右前（右手で開けやすい形）にします。良いことがたまるように、袋口部分が上にくるようにするのが原則です。

★弔事の包み方（図3）

　弔事の包み方は、包装紙の右側に箱を置き、箱上部が右側（包装紙外側）にくるように置いて包み始め、最終の包装紙の端を左前（左手で開けやすい形）にします。悪いことがたまらないようにと、袋口部分が下にくるように包むのが原則です。

②合わせ包み／キャラメル包み（図4・058頁）

　合わせ包みは、少量の紙で包めます。四角い大きい箱を包む時にも、サイドをたたんでいくだけなので失敗が少なく、きれいに仕上げられます。大きな箱を包むのに適した包み方です。キャラメル粒を包むのに使われていることから、キャラメル包みと呼ばれています。

★慶事の包み方（図5・058頁）
　斜め包みと同様、最終形の包装紙の合わせ目が右上になるように箱の上下に注意して包みましょう。
★弔事の包み方（図6）
　斜め包みと同様、最終形の包装紙の合わせ目が左上になるよう、箱の上下に注意して包みます。
③スクエア包み（図7）
　上の面が正方形または縦長で、ケーキの箱のようにひっくり返せない商品を包むのに適した包み方です。最後に、中心にシールを貼って仕上げるとよいでしょう。

角のある箱の包み方
　以上の四角形以外の箱の包み方には、三角包み、三角箱包み、多角形の箱包みがあります。『VMD用語事典』やその他の参考図書を見て、包むポイントを理解してください。

円筒形の包み方
①丸箱包み（平たく、あまり厚みがない箱）（図8・059頁）
　厚みのあまりない、平たい箱の包み方です。底になる面から先に、中心に向かい角が尖らないくらいに均等なひだを取りながら折ると、きれいな仕上がりになります。
②円筒（高さがある）包み（図9）
　茶筒のような、高さのある円柱の包み方です。斜め包みのように、紙を斜めにして包む包み方で、ひだが1カ所に集まるようにするときれいに仕上がります。

不定型の包み方
①キャンディ包み（図10）
　詰め合わせたものを包む時などの包み方です。ひっくり返さなくても包めます。セロファンや薄い柔らかな紙で、両端をキャンディのように絞り、リボンで結びます。キャンディを包むことから、キャンディ包みとも呼ばれます。

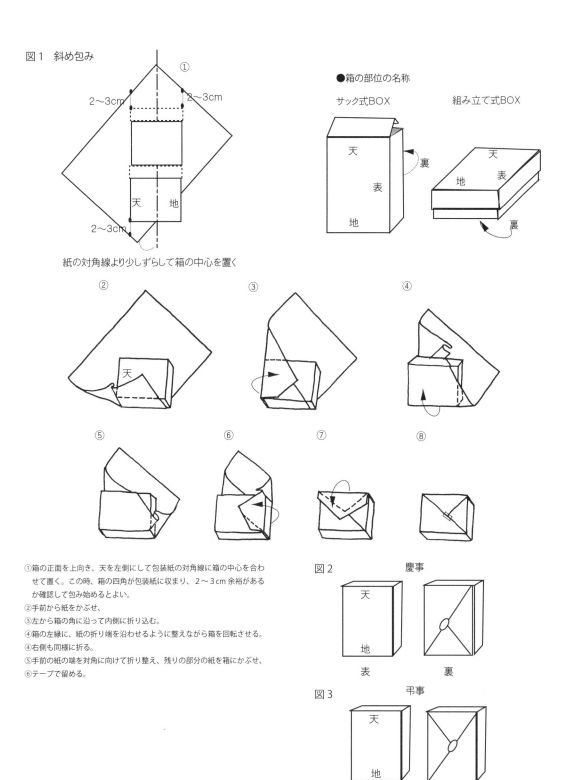

図1 斜め包み

①箱の正面を上向き、天を左側にして包装紙の対角線に箱の中心を合わせて置く。この時、箱の四角が包装紙に収まり、2〜3cm余裕があるか確認して包み始めるとよい。
②手前から紙をかぶせ、
③左から箱の角に沿って内側に折り込む。
④箱の左縁に、紙の折り端を沿わせるように整えながら箱を回転させる。
④右側も同様に折る。
⑤手前の紙の端を対角に向けて折り整え、残りの部分の紙を箱にかぶせ、
⑥テープで留める。

図4 合わせ包み

①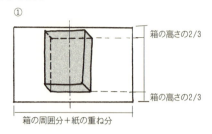
箱の高さの2/3
箱の高さの2/3
箱の周囲分＋紙の重ね分

図5 慶事 　図6 弔事

② 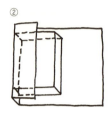　③ 　④ 　⑤

⑥ 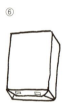　

きれいに仕上げるには両面テープで貼るとよい

出来上がり

箱の高さの3分の2　箱の周囲の長さ＋重ね分3cm
①箱の表側を下向き、天を上にし、箱の中心と包装紙中心を合わせて置く。
②包装紙の右端を1.5cm折り、
③右を上にして包み、テープで留める。
④⑤箱の上下は、1、2、3の順に箱の縁に沿わせ折り込む。
⑥箱の高さの中心を合わせ、各々テープで留める。

図7 スクエア包み

①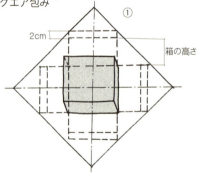
2cm
箱の高さ

①箱を包装紙の中心に置く。この時、箱の四角が包装紙に収まり、約2cmの余裕があるか確認するとよい。
②手前から箱に紙をかぶせ、左から箱の角に沿って内側に折り込む。
③④右も同様に持ち上げ、箱の角に沿って内側に折り、端を対角に向けて折り整え、残りの部分の紙を箱にかぶせテープで留める。

② 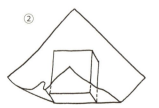　③ 　④

058

図8　丸箱包み

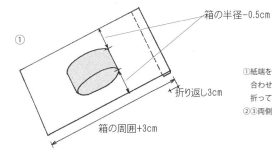

①紙端を1.5cm折り、両端を合わせてテープで留める。
　合わせ目部分から箱の上部中心に向けて均等にひだを寄せて折っていく。
②③両側を同じように折り、中心を各々シールで留める。

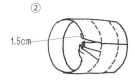

④出来上がり

図9　円筒包み

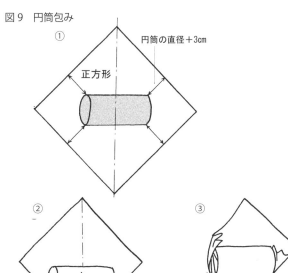

①円筒の中心と正方形の包装紙の対角線を揃えて置く。
②③手前から円筒の3分の2ぐらいまで巻き込み、左側からひだが1ヵ所に集まるよう5本くらいひだを寄せ、残りの部分を円筒にかぶせるように折る。
④右側も同じようにして折る。
⑤両側の折り端を円筒の縁に沿わせるように内側にたたみながら回転させて巻き込み、紙の端を折り込みテープで留める。

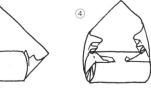

図10　キャンディ包み

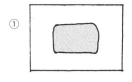

①包装紙の中央に包む物を置き、手前から紙をかぶせる。
②③奥からも同じように紙をかぶせ、合わせ目をシールで留める。
④左右を絞り、リボンを結び、形を整えて仕上げる。

 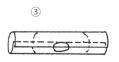 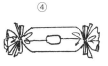

リボンの掛け方と結び方

リボンの掛け方
　一本掛け（蝶結び）
　　・横　（図11）
　　・縦　（図12）
　十字掛け（蝶結び）（図13）
　斜め掛け（蝶結び）（図14）
　V字掛け／たすき掛け／三角掛け（図15）

リボンの結び方
　片結び（図16）
　蝶結び（図17）
　二重蝶結び（図18）

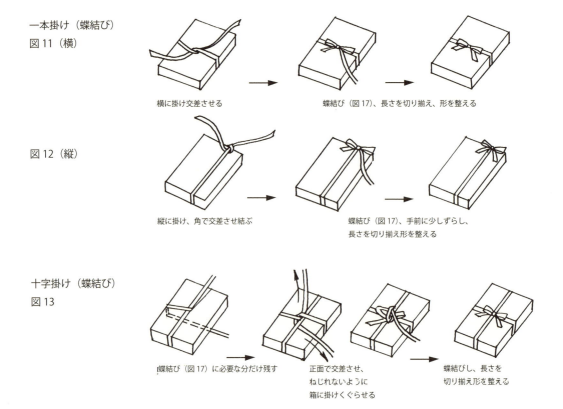

一本掛け（蝶結び）
図11（横）
横に掛け交差させる　　蝶結び（図17）、長さを切り揃え、形を整える

図12（縦）
縦に掛け、角で交差させ結ぶ　　蝶結び（図17）、手前に少しずらし、長さを切り揃え形を整える

十字掛け（蝶結び）
図13
蝶結び（図17）に必要な分だけ残す　　正面で交差させ、ねじれないように箱に掛けくぐらせる　　蝶結びし、長さを切り揃え形を整える

060

斜め掛け（蝶結び）
図14

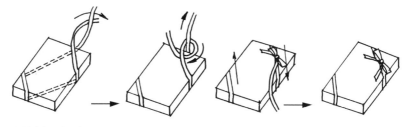

蝶結び（図17）に必要な分だけ残し、
箱の面に斜めにねじれないよう掛ける

角でくぐらせ蝶結びにし、手前に少しずらし、
長さを切り揃え形を整える

V字掛け／たすき掛け／三角掛け（蝶結び）
図15

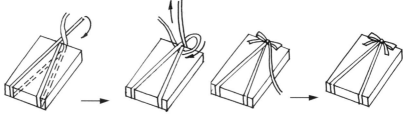

蝶結び（図17）に必要な分だけ残し、
斜めに2回掛ける

角で掛け、2本の下をくぐらせ蝶結びし、
長さを切り揃え形を整える

片結び
図16

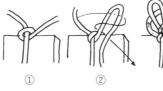 

①右側のリボンを左側の下にくぐらせる
②右側を輪にし左側を矢印のように通す
③通したリボンを引いてしっかりと結ぶ

蝶結び
図17

①交差させる
②右側のリボンで上向きの輪を作る
③左側のリボンを手前から図のように中を通し、輪を右側にも作る
④左右の輪が同じ大きさになるように、輪の中に人差し指を入れ、
　親指と中指で輪の根元を引くようにし形を整え、たれのリボンの長さを切り揃える

二重蝶結び
図18

①蝶結びを作り、輪の下になっているリボンを図のように上に持っていく
②もう一度蝶結びをし、
③四つの輪の根元を一緒に持って形を整え、長さを切り揃える

061

風呂敷の包み方の基礎技法

　風呂敷包みは、昔から日本人の生活習慣に馴染んできた包み方です。商品装飾展示の表現技法としては、「和」のイメージを伝える美しい技法の1つです。最近では地球環境問題から繰り返し使えるものということで、風呂敷が見直されています。

包み方のいろいろ

● 平包み（袱紗包み）（図1）

　平包みは、結び目を作らず、柔かくふんわりと包む方法です。贈答儀礼に使われ、「いつまでも解けることのないお付き合いを」という、贈る側の気持ちが伝わる包み方です。慶事の祝儀や弔事の不祝儀の金封などを包むことから、袱紗包みとも呼ばれます。風呂敷の中央に包む物を置き、手前から左辺、右辺の順に包み、最後の辺をふんわりかぶせるこれは、慶事の包みの順で、弔事の包みは右辺、左辺の順です。慶事の時の包み方は右包みにし、差し出す時は右開きになるようにします。弔事の時の包み方は左包みにし、差し出す時は左開きになるようにします。

● お使い包み（図2）

　お使い包みは、四角い物を包むのに最も便利な包み方です。結び目を1つ上に作るだけの、ごく一般的な方法です。風呂敷の中央に包む物を置き、手前から順に包み込み、折りたたむ時、風呂敷の辺を内側に引き込むようにすると、美しく包めます。結びは、縦結びは見栄えも良くないうえにほどきにくいので、真結びにします。

● 隠し包み（図3）

　隠し包みは、お使い包みをした後に、結び目の下の布を引き抜いて、上からふんわり掛ける結び方で、お洒落包みの代表的なものです。

● 二つ結び（交差包み）（図4）

　細長い物を包むのに適しています。風呂敷の中央に包む物を置き、対角線にある両端を持ち上げ、中央で1回ねじり、隣り合った辺と辺を真結びにします。二つに結び目を振り分けるので、少し重い物でもしっかり包めます。

● 四つ包み（図5）

　四つ包みは、風呂敷の中央に包む物を置き、縦と横の各々の辺を真結びに結ぶだけのシンプルな包み方です。重い物もしっかり包める方法の、代表的なものの1つです。

平包み（袱紗包み）
図1

慶事の包み方 ＜右包み＞
①包む物を風呂敷の中央に、正面を上、上部を左にして置く
②手前から順に包む

③左辺で包む
④右辺で包む
⑤奥の辺を最後にふんわりかぶせる

※弔事のときは
①正面を上、上部を右、②右辺、③左辺の順になる

お使い包み
図2

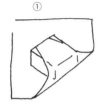

①風呂敷の中央に包む物を置き、手前から包む
②奥の辺をかぶせ包む

③風呂敷の辺を内側につまんで、引き込むようにしてたたむ
④左右の端を真結びする

隠し包み
図3

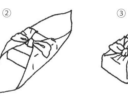

①風呂敷の中央に包む物を置き、左右の端を持ち上げる
②真結びする

③手前の辺を結び目の下に通す
（お使い包みして、奥の辺を引き抜いても同じ形になる）
④奥の辺をふんわり結び目にかぶせる

二つ包み（交差包み）
図4

①風呂敷の中央に包む物を置く
②手前と奥の辺を持ち上げ、交差させる

③交差させた手前角と左辺の角を真結びする
④交差させた残りの角と右辺角を持ち上げ真結びする

四つ包み
図5

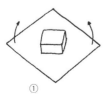

①風呂敷の中央に包む物を置く
②左右の辺の端を持ち上げ、中央で真結びする

③残りの辺の端を持ち
④結び目の上でしっかり真結びする

● すいか包み（図6）
　すいかのような、丸い球形を包む包み方です。風呂敷の中央に包む物を置き、隣り合った辺を真結びし、片方の結び目をもう片方の結び目に通します。すいかのような重いものを、ふっくらと美しく包み、運ぶことができます。

● 巻き包み（円筒包み）（図7）
　円筒形の物をクルクルと巻き、両端を中央で結ぶだけの簡単なやり方です。風呂敷の一辺に包む物を斜めに置き、対角線上を転がすように巻き込み、巻き終わった最後の辺が下にくるようにします。さらに両端の辺をねじり、回し、真結びします。四方をしっかり固定でき、型崩れしません。円筒形のものだけでなく、どんな形にも適した包み方です。

● びん包み（1本）（図8）
　日本酒やワインのびんを、形を生かして包むのに適しています。風呂敷の中央にびんを置き、対角線の辺でびんを覆うようにします。びんの上で真結びし、残りの辺を交差させて巻き、びんの腰のところで、真結びします。ガラスのびんをしっかり美しく包め、持ち運びにも便利です。

● びん包み（2本）（図9）
　日本酒やワインを2本一緒に包む時の包み方です。斜めに広げた風呂敷の中央に、びんの底を向かい合わせになるように寝かせます。手前の辺を向こう側にかけてクルクルと巻き込み、左右の辺を一気に立ち上げて、びんの上で真結びします。びんの大きさは、同じほうが包みやすいです。

すいか包み
図6

①風呂敷の中央に包む物を置く
②隣り合う辺の端を持ち上げ、各々真結びする
③片方の結びの輪にもう一方の結び目を通す
④通したほうの結びを持ち上げ、形を整える

巻き包み（円筒包み）　図7

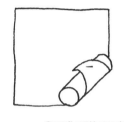 

①風呂敷の手前の辺に包む物を斜めに置き、クルクルと巻く
②最後まで巻き込み巻き、終わりの角を包みの下になるようにする
③左右の両端の辺をねじり一巻きする
④真結びする

びん包み（1本）
図8

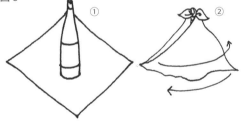  

①風呂敷の中央にびんを立てて置く
②対角線上の両辺でびんを覆うようにし、びんの上で真結びする
③残りの辺を交差させて巻く
④びんの腰のところで真結びする

びん包み（2本）
図9

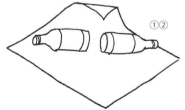 

①風呂敷の手前の辺中央に、
　びんの底を向かい合わせ寝かせて置く
②手前の辺を向こうに掛け、クルクルと巻き込む
③左右の辺を引く
④一気に立ち上げる
⑤びんの上で真結びする

結び方のいろいろ

●縦結び（図10）
　結び目が直角になる結び方です。見栄えが良くないうえ、いったん結ぶとほどきにくく、引っ張られると崩れやすい結び方です。

●真結び＜かた結び＞（図11）
　結び目が横一本で見栄えも良く、引っ張られても崩れにくく、重い物をしっかり包みたい時に、ほどけないように結ぶ方法です。

●蝶結び＜もろわな結び＞（図12）
　贈答品を包む時に、形良く、そのうえほどきやすい結び方です。

●帯結び＜かたわな結び＞（図13）
　蝶結びの片方だけに輪がある結び方で、蝶結びでは短くて結べない時に適し、ほどきやすい結び方です。

風呂敷の大きさ

　風呂敷の大きさには、金封やお弁当を包む小風呂敷中巾（約45cm角）、最も一般的なサイズで贈答品やワインボトル等を包む二巾（約70cm角）、少し大きめのものや一升びんやワイン2本を包む二四巾（約90cm角）などのよく使われるものから、ふとんを包むような大風呂敷七巾（約230cm角）まで、さまざまなサイズと素材があります。目的に合わせてサイズや素材を選んで包みます。
※サイズは、素材、メーカーにより若干ばらつきがあります。

縦結び
図10

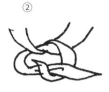

①右端を下から交差させる
②右側になったほうを下から交差して上へ
③上から輪を通し、引っ張り結ぶ
④結び目が直角になる

真結び（かた結び）
図11

①右端を上から交差させる
②右側になったほうを下から上へ
③上から輪を通し、引っ張り結ぶ
④結び目は横一本になる

蝶結び（もろわな結び）
図12

①右端を上から交差させる
②右側になったほうで上向きの輪を作る
③左側になっているほうを上から掛けて、中を通し右に輪にして出す
④左右を引っ張り、形を整え結ぶ

帯結び（かたわな結び）
図13

①右端を上から交差させる
①右側になったほうで上向きの輪を作る
③左側になっているほうを上から掛けて、中を通し引き出す
④左の輪と引き抜いたほうを引っ張り、形を整える

067

イメージスケッチの基礎技法

　1級の検定問題にある課題1は、文章を読みながら全体の構成を組み立て、イメージスケッチを仕上げていくものです。取り組み方は、まず課題として支給された商品に触れ、形状や特徴を把握し、サイズなどを測ります。次に、文章の内容を読み解き、配布された下書き用の白紙に、簡単なラフスケッチを描いてみます。このスケッチ表現では、出題された商品が指示された構成に従って、適切な寸法やバランスで描かれていることが重要なポイントです。ラフスケッチをしておくと、課題文章の読み間違いや商品の見落としがなくなります。また、課題としては求められていませんが、商品の位置関係を考えたレイアウト図（平面図）も描いておくと、配置や構成をより正しく描くことができます。

　こうしたイメージスケッチを描く際に、商品構成や商品の大きさの比率などを正しく、美しく描く方法として「透視図法」があります。本来は建物や室内などの空間を、設計図に従って、いろいろな視点から見た完成予想図として描くための図法です。

　想定した空間に出来上がりのイメージを分かりやすく伝えることができるため、ショーウインドウや売場内のビジュアルプレゼンテーションなどではよく使われる図法です。なかでも、小規模の外観や小空間の内観を人の視点から見たように描く「一点透視図法」は、この課題を仕上げるのに適した図法といえます。

　検定では、年度ごとに衣食住関連のさまざまな商品についてのテーマが設定され、出題されます。日頃から自身の生活の中で、身の回りにある品々を観察し、デッサンしてみることで形や大きさ、質感等を把握しておくことも大切です。

透視図を描く前に

　売場や日常の暮らしの中にあるさまざまな品々を描くために、「デッサン」という描画の基本となるトレーニング技法があります。このデッサンを繰り返し重ねていくことで、観察力が身につき、さらに描写力も向上します。描写力がつくと透視図法も正しく理解でき、スムーズに描くことができます。ただ、独学でトレーニングをしている場合、観察の不慣れから、描写の間違いに気づかない場合があります。そこで、主な注意点を確認しておきましょう。

①あらゆる立体物は平面の重なりである……これは3Dプリンターの原理と同じといえます。
　円筒は円の重なり、角柱は四角形の重なりというわけです（図1）。

図1

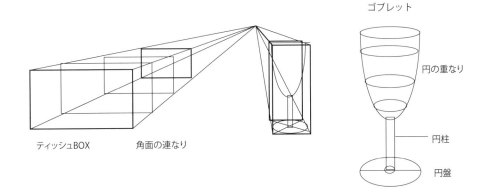

ティッシュBOX　　角面の連なり　　ゴブレット

円の重なり
円柱
円盤

間違いデッサンと正しい観察～一見正しい円柱だが大間違い

図2

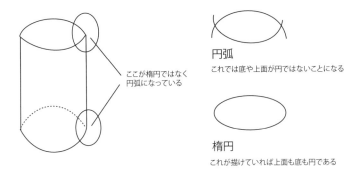

ここが楕円ではなく円弧になっている

円弧
これでは底や上面が円ではないことになる

楕円
これが描けていれば上面も底も円である

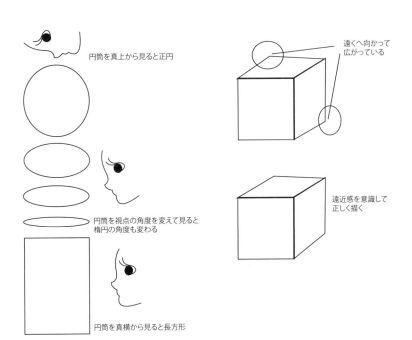

円筒を真上から見ると正円

円筒を視点の角度を変えて見ると楕円の角度も変わる

円筒を真横から見ると長方形

遠くへ向かって広がっている

遠近感を意識して正しく描く

②視点の高さによってモノの見え方が変わる……円筒は真上から見ると円ですが、視点を少し低くして真横から見ると長方形です（図2）。

③モノとモノの置き方、並べ方によって遠近感が生まれる……遠近感の理解は、例えば長い道沿いの街路灯や室内の蛍光灯の並びを見ると分かるように、実際は同じサイズのものが遠く（奥）になるほど小さく見えるということです（図3）。

まずは、以上のごく当たり前のことをしっかり理解することが大切です。

検定のイメージスケッチ（一点透視図法）の描き方

仮想設定したスペースを（W750×D450×H700）とします。この小さいショーウインドウをイメージし、073頁の例題1と例題2の立体物をそれぞれ描いてみましょう。

まず、人がこのショーウインドウのガラス面に接するように立ってウインドー内を見ている、という設定にします。その人の視点をこのウインドウの中央とし、ウインドウの半分の高さの位置を透視図の消点とします。さらに奥行きはデッサンで求めるという図法です。これは一点透視図法を分かりやすくした簡略図法の1つで、1級の課題1には適している図法です。

この図法の最大のポイントは、スペース内に配置する商品のサイズ（幅・高さ）を必ず仮想設定のウインドウ外枠上で取るという点です。その理由は、この設定した外枠から消点までの内側の空間は図法上の虚構空間であり、モノが縮んでいく遠近感を表しているため、測ることができないからです。そのため外枠上でのみ、実際の縮尺寸法を測ることができます。

商品の配置は本来、平面図（レイアウト図）として描くのですが、最も簡略な方法としては、ステージの四つ角を線で結び、消点との交点を分割して、ベースパネル上にグリッドを作図しておくことで、大まかな位置関係を決めることができます。

さらに、商品の高さの縮尺寸法を外枠上に取り、消点と結び、配置した商品の位置を水平線としてステージ端線まで移動します。次に、パース線（高さを消点と結んだ線のこと）まで垂直に立ち上げ、その交点（パース線上で実際の高さより縮んだ高さの点）から、水平に商品位置までに平行移動します。

商品の高さ（垂直線）を描くことで、配置された商品の立体感が描かれていきます。こうして配置した商品ごとにこの作図方法を繰り返すことで、商品の正しいサイズや配置関係をスペース内に描き込むことができます（図4・072頁）。

立体物の描き方…その構造と原理

図3

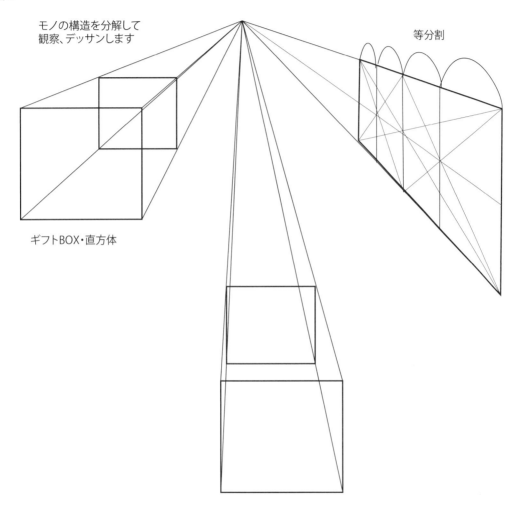

モノの構造を分解して観察、デッサンします

等分割

ギフトBOX・直方体

一点透視図法　描き方の手順例　　※単位：mm／三角スケールを使用します。

図4

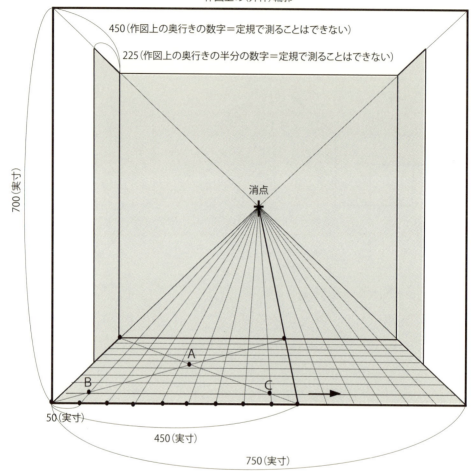

● 支給されるベース板の寸法により、手前の輪郭線に100または50のピッチで印を付けます。
　それぞれの印を消点と結び、奥行きが450の場合は手前の450の印と奥、四隅を結び、
　ピッチごとに消点と結んだパース線との交点（B－Cなど）の水平線を奥まで、順に引きます。
　奥行きが水平線により、透視図的に9等分されます。

● この中心の交点Aはこのベース上の奥行きの半分の位置となります。

● 次にそれぞれの水平線を750の幅位置まで延長します。
　これでベースに50角の透視図的なグリッドができました（奥に向かってマス目は縮んでいます）。

　一点透視図法を描く場合、あらかじめこのようなグリッドを描くようにすると、商品の配置決めや、
　商品の高さの比率などを、より正確に仕上げることができます。

一点透視図法の例題

スムーズに透視図法が描けるようにトレーニングしてみましょう。
例題1：スペース内にある直方体（W200 × D300 × H400）を一点透視図法で描く（図5）。
例題2：スペース内にある斜めに置かれた立方体（200角）を描き、奥に100 ∅ H350の円錐が配置してある図を一点透視図法で描く（図6）。

仕上げ方法のポイント

検定の課題1では、仕上げを黒ペンと色鉛筆で仕上げることになっています。使い慣れていないと、せっかく鉛筆で描き上げたスケッチを最後に台無しにしてしまうことがあります。次のような点に注意しましょう。

①黒ペンを使用する場合は、手前に描かれているモノから輪郭を描いていくようにします。あわてて奥のモノから黒ペンで輪郭を描き始めると、手前のモノが透明な商品になってしまい、着色がしにくくなります。

②黒ペンは水性で0.1〜0.5mmくらいまで芯の太さの違うものを数本用意します。油性のペンは線がにじむ場合があるので注意しましょう。また、少し高度な技法になりますが、手前にあるモノは芯の太いペン、奥のモノは芯の細いペンで描くと、それだけでも遠近感が強調されます。黒ペンで描き終えたら、鉛筆の線をきれいに消しておきます。鉛筆の線が残っていると着色しても映えないので注意しましょう。

③色鉛筆での着色方法ですが、いきなり強く塗り出すと立体感が出しにくくなりますから注意しましょう。着色する時は手前の商品から塗り始めます。筆圧は弱めにしてサラサラとやさしく塗ります。全体を着色し終わったら、手前の商品は上から重ね塗りし、少し濃い目にします。より遠近感が強調されます。さらに、余裕があれば、ベースパネル上に配置した商品の影なども描くと、なお美しい仕上がりになります。

現在、実務ではこうした描画作業はコンピューターで仕上げることが多くなっていますが、検定では基本的なスケッチ力（描写力）も重要な技能であると位置づけています。日頃から、黒ペンや色鉛筆の使い方にも慣れておく必要があります。

図5

作図上のウインドウ外枠

この外枠から内側、消点までの奥行きの空間は
縮んでいく透視図上の虚構空間なので測ることはできない。
実寸法（縮尺）を測ることができるのは手前の外枠上のみ。

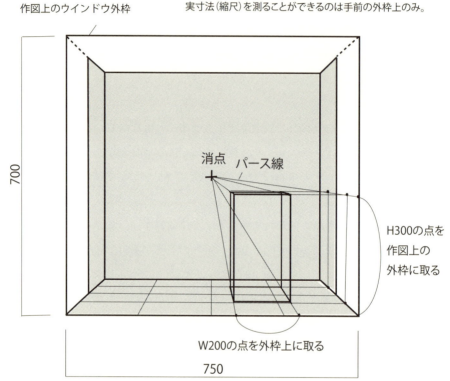

700

750

消点　パース線

H300の点を
作図上の
外枠に取る

W200の点を外枠上に取る

直方体が手前から150奥に配置してあることに注意。
パース画上では直方体の高さはすでに
H300より縮んでいることに注意する

図6

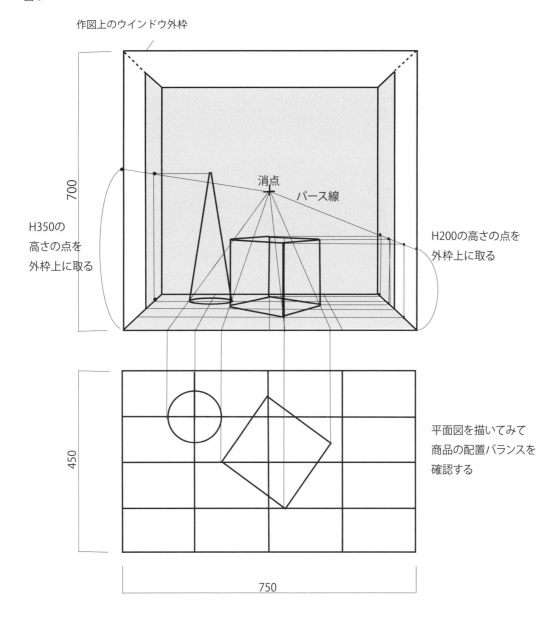

図7

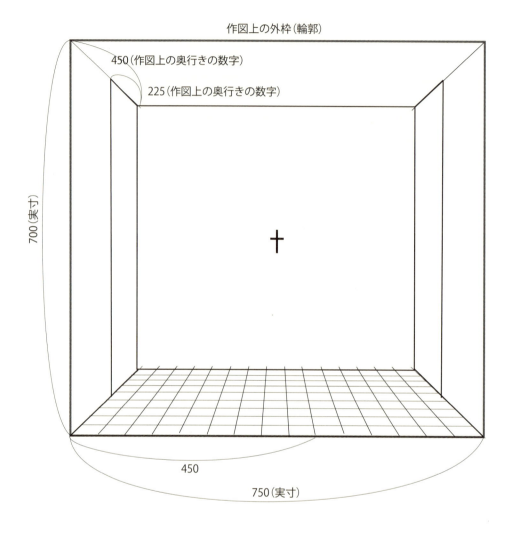

改訂第3版　国家検定
商品装飾展示技能検定
ガイドブック

PART 2
実技の過去問題　解答と解説

実技 過去問題と解説（平成27〜30年度）

　各級の実技問題の表紙には、試験の際の「注意事項」が書かれています。本書では、平成27〜30年度までの実技問題の各級の扉頁にある「注意事項」の部分は、平成27年度のみ掲載し、他の年度については編集上省略しました。3級の場合は事前に実技問題が公開されているので、あらかじめよく読んでおき、間違いのないように受検態勢を整えておくことが大切です。その他の級を受検する場合は、各級の平成27年度の初めの頁の「注意事項」を参考にしてください。

　また、本書では、各級の試験問題をどのように完成させていけばよいのかなど、分かりにくい技法については、問題文中にアンダーラインを引き、各級・各年度の試験問題文の後の頁で、ポイントを丁寧に解説してあります。重要な技法やうまく仕上げるコツなどでもありますから、自身では分からない時に参考にして取り組みましょう。

　技能検定の実技試験（作業試験）は、あらかじめ決められた時間内で手際良く、正しく仕上げなければなりません。本書は4年分の過去問題を掲載し、受検する級の問題に取り組みながら、その級のレベルを把握し、さまざまな技法を習得できるようなガイドブックになっています。正しい技法習得の助けにしてください。

中央職業能力開発協会編
平成27年度 技能検定3級 商品装飾展示 実技試験問題

商品装飾展示作業

1. 試験時間

    標準時間　　1時間

    打切り時間　1時間15分

2. 注意事項

（1）この試験問題には、事前に書込みをしないこと。

　　　また、試験中に他の用紙にメモをしたものや参考書等を参照することは禁止とする。

（2）試験場には、実技試験問題及び「使用用具等一覧表」に記載のもの以外を持ち込まないこと。

（3）支給された材料の品名、数量等が「4．支給材料」のとおりであることを確認すること。

（4）支給された材料等に異常がある場合は、申し出ること。

（5）試験開始後は、原則として支給材料の再支給をしない。

（6）使用用具等は、「使用用具等一覧表」で指定した以外のものは使用しないこと。

（7）試験中は、用具等の貸し借りを禁止する。

（8）作業は、技能検定委員の合図により開始すること。

（9）標準時間を超えて作業を行った場合には、超過時間に応じて減点される。

（10）打切り時間の合図があった場合には、直ちに作業をやめ、技能検定委員の指示に従うこと。

（11）提出作品への受検番号の付け方は、指示されたとおりにすること。

（12）試験中の私語は、禁止する。

（13）作業時の服装等は、作業に適したものであること。

（14）試験中は、携帯電話（電卓機能の使用も含む。）等の使用を禁止とする。

（15）機器操作、工具・材料の取扱い等について、そのまま継続すると機器・設備等の破損や怪我を招くおそれがある危険な行為であると技能検定委員が判断した場合、試験中にその旨を注意することがある。

　　さらに当該注意を受けてもなお、危険な行為を続けた場合は、試験を中断し、技能検定委員全員が試験継続不可と判断した場合は、失格とする。

　　ただし、緊急性を伴うと判断された場合は、注意を挟まず、即中止（失格）とすることがある。

3. 課題

「ホワイトデーギフト」をテーマに、仕様及び完成図に従い、バス用品売場のPPを想定した商品プレゼンテーションを行う。支給されたリボンは、仕様に従い、必要な長さに切って使用する。
（※問題文中のアンダーライン部分は「問題のポイント解説」参照）

【仕様】
(1) スペースについて
　　別図1に従い、段ボール板（約250×約720）6枚を組み立て設置する。①
　　グリッドポジションは、図のようにA、B、C、Dとする。
(2) Aのグリッドについて
　　イ．フェイスタオル（ピンク2枚、白1枚）を別図2に従い、幅約175mm、高さ約165mm、厚み約90mmになるようにたたみハート型に仕上げる。リボン（ピンク）を十字に掛け、蝶結びにする。②
　　ロ．イのタオルは、石鹸箱の受け皿の上に置き、ふたは右前に配置する。
(3) Bのグリッドについて
　　イ．ギフトボックス2個（約85×約85×約180）を組み立て、1つは、ラッピングペーパーAで斜め包みにする。リボン（ブルー）は、十字に掛け、蝶結びにする。もう1つはラッピングペーパーBで合わせ包みにし、リボン（ブルー）をたすきに掛け、蝶結びにする。③
　　ロ．スプレーボトル（大）（小）各2個は、ラッピングペーパーC、Dでそれぞれ巻き、完成図に従ってシール（大）（小）を貼り、正面に向けて配置する。
　　ハ．ギフトボックス2個、スプレーボトル（大）（小）各2個は、完成図に従いリピート構成になるように配置する。④
(4) Cのグリッドについて
　　イ．ウォッシュタオル（ピンク）3枚⑤は別図3に従い、aは「ファン」、bは「アンビエ」、cは「ミニキャンドル」にたたみ、形を整えコップに入れ、歯ブラシを立てる。
　　ロ．コップは中央にライザーを置き完成図に従い、三角形構成になるように配置する。⑤
(5) Dのグリッドについて⑥
　　イ．フェイスタオル（ピンク1枚、白1枚）は、別図4に従い、幅約180mm、高さ約150mm、厚み約35mmになるようにたたみ、ピンクを下にし、上に白を重ねる。
　　ロ．ウォッシュタオル（ピンク2枚、白2枚）は、別図5に従い、幅約120mm、高さ約115mm、厚み約25mmになるようにたたみ、ピンク2枚を下にし、上に白を2枚重ねる。

※完成図と支給材料の形は若干違っております。
また、配置は完成図、仕様のとおり行ってください。

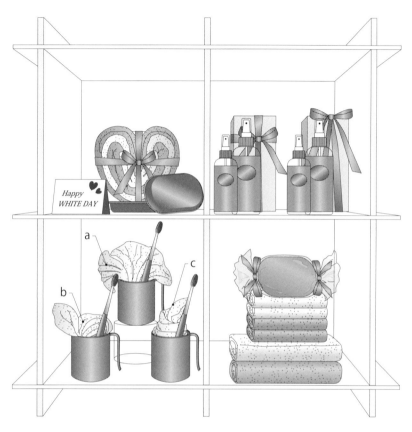

完成図

●グリッドポジション

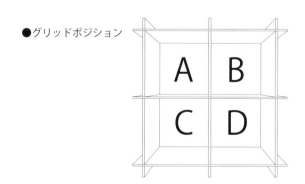

ハ．石鹸箱は、セロファン（約 300 ×約 330）でキャンディ包みにし、両端をリボン（ピンク）で蝶結びにする。

ニ．イロハを完成図に従い、配置する。

（6）<u>メッセージカード⑦</u>（約 150mm ×約 100）は「HAPPY WHITE DAY」と書き、二つに折り、Ａのグリッドの左側に配置する。書体及び色は自由とする。

※なお、約○○ mm は、○○ mm ± 5mm 以内とする。

■別図1　（段ボール板の組み立て）

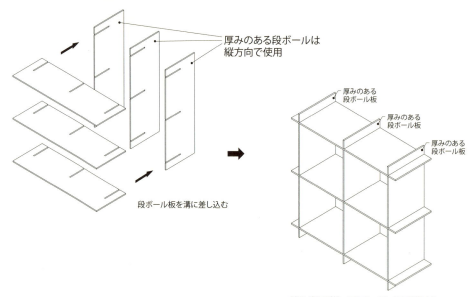

前面、背面が均一面になっているか確認する

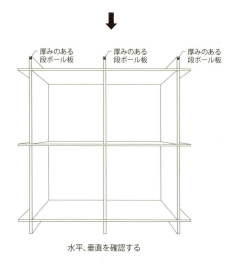

水平、垂直を確認する

■別図2 （ハート型タオルのフォーミング）

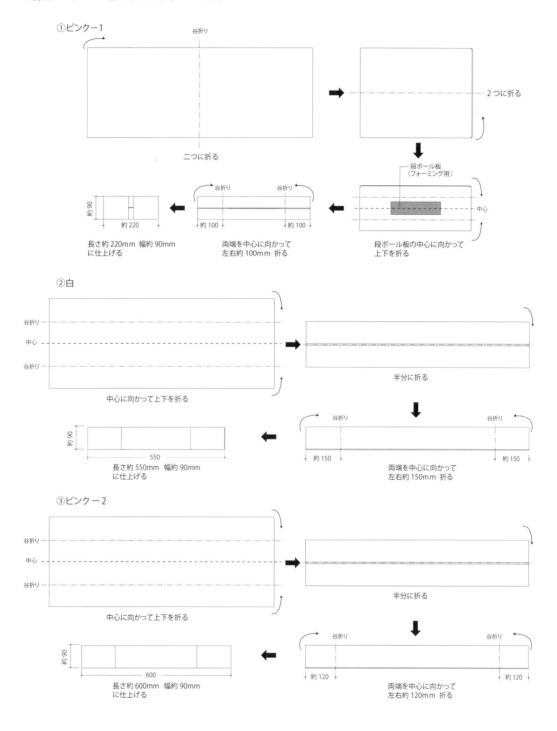

④3枚のタオルを重ねる

⑤ハート型にする

⑥

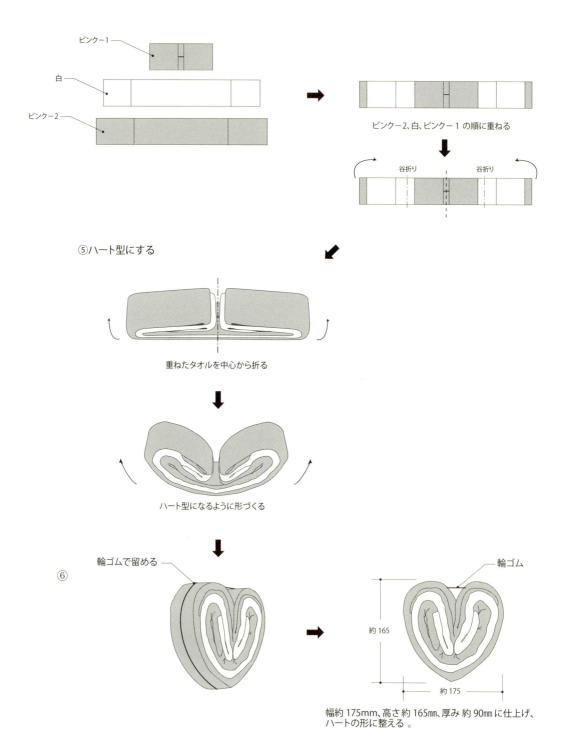

ピンク-2、白、ピンク-1 の順に重ねる

谷折り　谷折り

重ねたタオルを中心から折る

ハート型になるように形づくる

輪ゴムで留める　輪ゴム

約165

約175

幅約175mm、高さ約165mm、厚み約90mmに仕上げ、ハートの形に整える。

084

■別図3 （タオルのフォーミング）

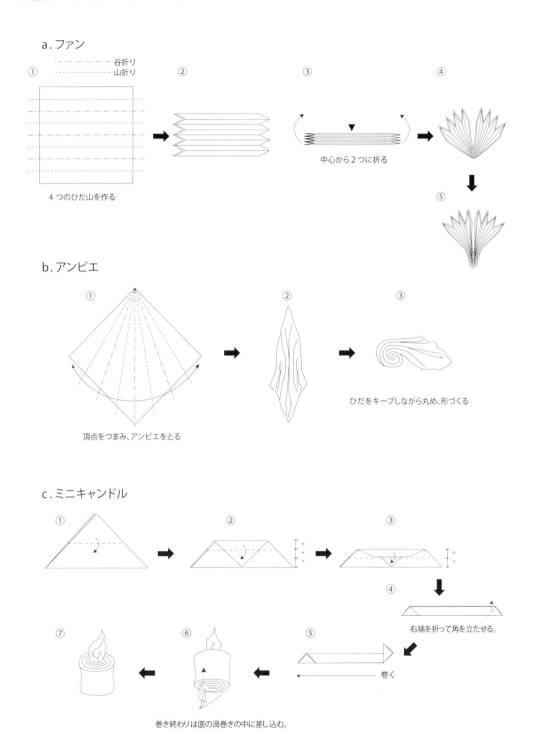

■別図4 （フェイスタオルのフォーミング）

①タオルを中心に向かって上下を折る

中心　　　　　－・－　谷折り

②さらに2つに折る

③三つ折りにする

左側を折って、右側を折る

④ひっくり返す

⑤形を整える

幅約180mm、長さ150mm、厚み35mmに仕上げる

■別図5 （ウォッシュタオルのフォーミング）

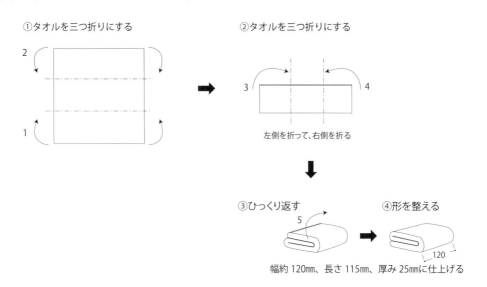

①タオルを三つ折りにする

②タオルを三つ折りにする

左側を折って、右側を折る

③ひっくり返す

④形を整える

幅約120mm、長さ115mm、厚み25mmに仕上げる

4. 支給材料

　支給材料は、調達の都合上、やむなく寸法又は規格等が若干変更になる場合があります。

品名	寸法（単位mm）又は規格等	数量	備考
段ボール板	約250×約720	6	グリッド用
フェイスタオル（ピンク）	約865×約355	3	
段ボール板	約200×約50	1	ハートフォーミング用
フェイスタオル（白）	約865×約355	2	
輪ゴム		3	
リボン（ピンク）	幅約12　長さ約3000	1	
石鹸箱	約130×約90×約55	2	
ケント紙	約150×約100	1	白　メッセージカード用
ギフトボックス	約85×約85×約180	2	
ラッピングペーパーA（ブルー）	約460×約420	1	ギフトボックス用
リボン（ブルー）	幅約12　長さ約3500	1	サテン地
ラッピングペーパーB（ブルー）	約280×約365	1	ギフトボックス用
スプレーボトル（大）	直径約45　高さ約175	2	
スプレーボトル（小）	直径約40　高さ140	2	
ラッピングペーパーC（ブルー）	約160×約100	2	スプレーボトル（大）用
ラッピングペーパーD（ブルー）	約140×約70	2	スプレーボトル（小）用
シール（大）		2	スプレーボトル（大）用
シール（小）		2	スプレーボトル（小）用
ウォッシュタオル（ピンク）	約340×約340	5	
コップ	直径約75　高さ約85	3	
歯ブラシ		3	
ライザー	約80×約70	1	塩ビケース　円筒
ウォッシュタオル（白）	約340×約340	2	
セロファン	約300×約330	1	ラッピング用

3級商品装飾展示（商品装飾展示作業）実技試験使用用具等一覧表

1. 受検者が持参するもの

品名	寸法（単位mm）又は規格等	数量	備考
はさみ		1	
巻尺等	2000程度のもの	1	
直定規	300～500程度のもの	1	
セロハンテープ	幅10～15程度	適宜	
サインペン	6色程度	適宜	POP用
筆記用具		適宜	

注．持参するものは、上記のものに限るが、同一種類のものを予備として持参することは差し支えない。

2. 試験場に準備してあるもの

品名	寸法（単位mm）又は規格等	数量	備考
長机		1	
いす		1	
くずかご		適宜	

平成27年度 3級実技【問題のポイント解説】

　この問題は、「ホワイトデーギフト」をテーマにした、4つのグリッド内の演出なので、それぞれのグリッド内を正確に表現することがポイントになります。別図にあるタオルのたたみ方などは、手順に従って正確に仕上げることが大切です。事前に完成図をよく見て練習しておきましょう。

①グリッド本体が歪んでいては、展示全体が美しく見えません。別図1の指示にあるように、縦と横では段ボールの厚みが違うこと、切り込みに隙間が残らないようにしっかり組み込むことなどに注意し、正しく水平垂直に組み立てます。

②フェイスタオル3枚は別図2に従い、指定されたサイズで正確にたたみます。3枚の中心を合わせ、ズレないように重ねます。ハート型にする時には、中心へ向かってしっかり巻き込みます。崩れないように片手でハートを持ち、輪ゴムを掛けます。仕上がり寸法になるように全体を整えます。

③ラッピングのバリエーションやリボンの掛け方は、ガイドブックの基礎技法を参考に練習してください。スプレーボトルは、サイズごとに同じ高さにカラーペーパーを巻き、同じ位置にシールを貼ります。

④ギフトボックスとスプレーボトル（大／小）のグループは、同じバランスで、正確にリピート構成で配置します。

⑤ウォッシュタオル3枚のたたみ方は別図3に従い正確にたたみ、コップに入れます。コップに入れた歯ブラシの角度はすべて同じ角度になることがポイントです。グリッド内が三角形構成になるようバランス良く、それぞれのコップを配置します。

⑥それぞれのタオルは別図4・5に従い、丁寧に順を追って寸法どおりになるよう正確にたたむことがポイントです。
　タオルは、前面をきれいに揃えて、全体を整え仕上げます。石鹸箱は、倒れないように置きます。

⑦POPは、ケント紙の高さと幅が完成図と同じバランスになるように2つに折ります（幅と高さが完成図と同じバランス）。
　文字は見やすいように正確に書き、完成図と同じ位置に配置します。

中央職業能力開発協会編
平成 28 年度 技能検定 3 級 商品装飾展示 実技試験問題

商品装飾展示作業

1. 試験時間

　　標準時間　　1 時間

　　打切り時間　1 時間 15 分

2. 注意事項　　　省略

3. 課題

「ハッピーバースデー」をテーマに、仕様及び完成図に従い、子供服売場の壁面 PP を想定したプレゼンテーションを行う。フォーミング用のケント紙や薄葉紙は商品から出ないように使用し、子供らしさを表現する。支給されたケント紙、薄葉紙、ラッピング用紙及びリボンは仕様に従い必要寸法に切って使用すること。

T シャツ A、B、C 及びバンダナ A、B の色、組み合わせは自由とする。

　　　　　　　　　　　　（※問題文中のアンダーライン部分は「問題のポイント解説」参照）

【仕様】

（1）スペースの組み立てについて

　　イ. 段ボール板 A（約 1200 ×約 700）は、別図 1 に従い両側を折りコの字形にし、段ボール板 B（約 750 ×約 450）の後方及び両側を囲むように立て、5 号ピン 4 本で固定する。①

　　ロ. 丸棒（直径約 9 ×長さ約 900）は、サイドパネル（側面部分）の上部真ん中の溝にはめ込む。左右のサイドパネルから出た丸棒の長さを揃える。

（2）ハンガーコーディネートについて

　　イ. T シャツ A はハンガーに掛け、完成図に従いサイドパネルの右端から約 250mm の位置で、S 字フックを使い丸棒に掛ける。

　　ロ. 別図 2 に従いケント紙 A（約 250 ×約 170）を切って、パンツの中に入れ、後ろ部分と一緒にボトムハンガーに挟む。薄葉紙 1 枚を半分に折り筒状に丸め、両足に 1 本ずつ入れてパディングする。②

　　ハ. ロは、イのハンガーに掛け中心を揃え T シャツとパンツを合わせる。③

　　ニ. 別図 3 に従い薄葉紙 1 枚 1/4 の大きさに 2 枚切り、ソックスの両足にそれぞれ詰め、ケント紙 B（約 120 ×約 180）を長さ約 120mm の筒状にしたものでフォーミングする。ソッ

クスはパンツの裾に入れて配置する。パンツの裾はロールアップする。
　ホ．別図4に従いニの残りの薄葉紙をTシャツのお腹に入れ、パディングする。
　へ．薄葉紙1枚を半分に切り、Tシャツの両腕に入れる。
　ト．別図5に従い左腕をフォーミングし、ワイシャツクリップでパンツに留める。④
　チ．バンダナAは別図6に従い3つのひだを作り、Tシャツの首元に結ぶ。
　リ．完成図を参考にハンガーコーディネイト全体を整え、子供らしさを表現する。⑤

（3）ギフトセットについて
　イ．別図7に従いケント紙C（約260×約300）を切り、TシャツBの中に入れて直径約70の筒状に仕上げ、ワイシャツクリップ2本で留める。⑥
　　　リボンA（幅約12×長さ約1000）をTシャツのネックラインから約75mm下の位置に蝶結びする。
　ロ．ギフトボックスA（約150×約85×約25）は、ラッピングペーパー（約240×約190で合わせ包みにし⑦、リボンB（幅約18×長さ約1100）を十字に掛け蝶結びにする。⑧
　ハ．完成図に従いギフトボックスB（約160×約160×約125）は蓋を取り、ベースパネルの手前から約120mm、左端から約220mmの位置に斜め45度に配置する。
　ニ．TシャツCは、出来上がり幅約150mmにたたみ、片袖が見えるようにギフトボックスBの縁から垂らす。
　ホ．ギフトボックスBの中に蓋、イのTシャツB、ロのギフトボックスAを差し込み、薄葉紙1枚を使って固定させる。⑨
　へ．バンダナBは、別図8に従い半分に折り、5つのひだ山を作って右から1/3のところで2つに折り、ギフトボックスBに差し込む。⑩

（4）POPについて
　　色画用紙（約170×約140）を風船の形に切り、「HAPPY BIRTHDAY」と書き、裏面にバルーンスティックをセロハンテープで貼り、ギフトボックスBの中に差し込み配置する。書体及び色は自由とする。

（5）完成図のようにギフトボックスBの中をバランスよく整える。
（6）残ったピン、ワイシャツクリップ（曲がったピン、割れたワイシャツクリップ）についてはベースパネルの向かって左前端の位置にセロハンテープで貼り付ける。
※なお、約○○mmは、○○mm±5mm以内とする

※完成図と支給材料の形は若干違っております。
また、配置は完成図、仕様のとおり行ってください。

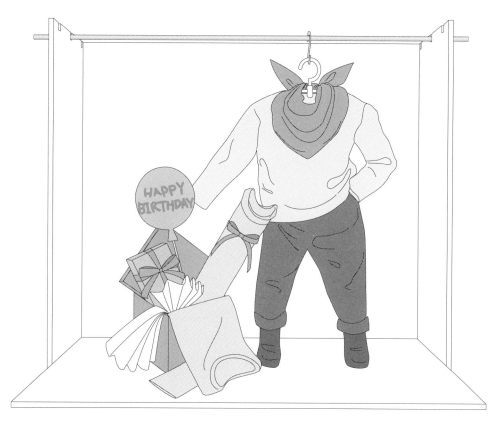

完成図

■別図1 （スペースの組み立て）

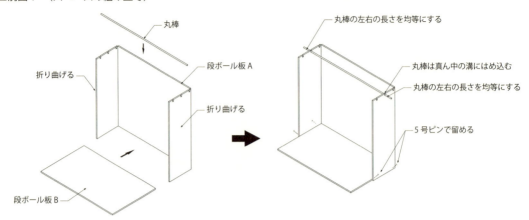

■別図2

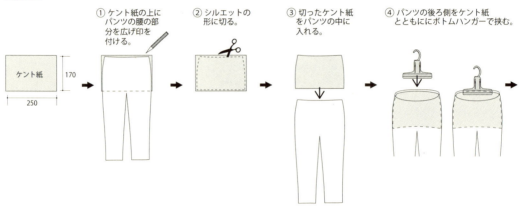

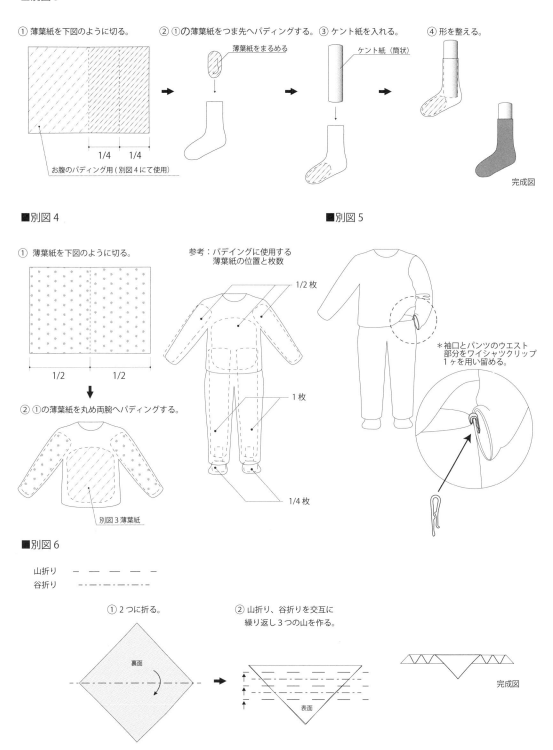

■別図7

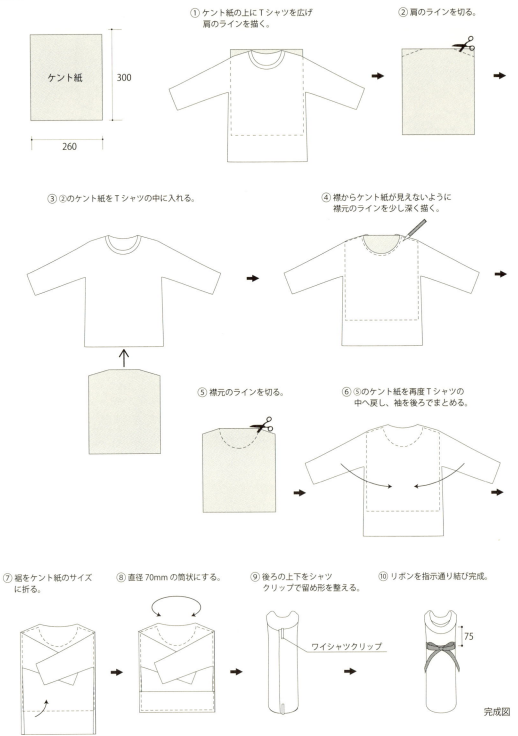

■別図8

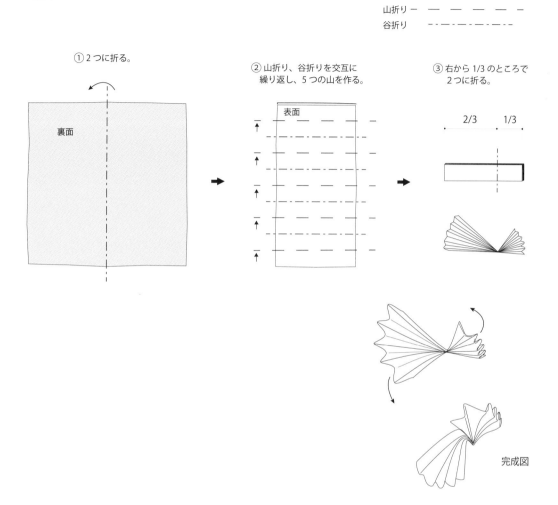

095

4. 支給材料

　支給材料は、調達の都合上、やむなく寸法又は規格等が若干変更になる場合があります。

品名	寸法（単位mm）又は規格等	数量	備考
段ボール板A	約1200×約700	1	バックパネル用
段ボール板B	約750×約450	1	ベースパネル用
丸棒	直径約9　長さ約900	1	
Tシャツ（イエロー、レッド、グレー）	長袖　サイズ80	3	
パンツ（ブルー）	サイズ80	1	
ソックス		1	
バンダナ（オレンジ、ブルー）	約510×約510	2	
ハンガー（白）	約245	1	プラスチック製
ボトムハンガー		1	
ギフトボックスA（透明）	約150×約85×約25	1	
ギフトボックスB（クラフト）	約160×約160×約125	1	
ラッピングペーパー（ドット柄）	約240×約190	1	ギフトボックスA用
リボンA（レッド）	幅約12　長さ約1000	1	TシャツB用
リボンB（濃いブラウン）	幅約18　長さ約1100	1	ギフトボックスA用
バルーンスティック	約300	1	POP用
S字フック	長さ約80	1	プラスチック製
薄葉紙		5	
ケント紙A	約250×約170	1	パンツ用
ケント紙B	約120×約180	2	ソックス用
ケント紙C	約260×約300	1	TシャツB用
色画用紙	約170×約140	1	POP用
5号ピン		6	
ワイシャツクリップ		5	

3級商品装飾展示（商品装飾展示作業）実技試験使用用具等一覧表

1. 受検者が持参するもの

品名	寸法（単位mm）又は規格等	数量	備考
金づち及びピンピッター		1	ピン打ち用
はさみ		1	
巻尺等	2000程度のもの	1	
直定規	300～500程度のもの	1	
セロハンテープ	幅10～15程度	適宜	
サインペン	6色程度	適宜	POP用
筆記用具		適宜	

注．持参するものは、上記のものに限るが、同一種類のものを予備として持参することは差し支えない。

2. 試験場に準備してあるもの

品名	寸法（単位mm）又は規格等	数量	備考
長机		1	
いす		1	
くずかご		適宜	

平成 28 年度　3 級実技【問題のポイント解説】

　ハンガーを使ってコーディネートを見せる、ハンギング技法を用いた子供服売り場の PP 展開です。T シャツのハンガーにパンツのハンガーを掛け、中心を揃えてしっかり立たせます。さらにパディングとフォーミングで子供らしい動きに仕上げます。パディング等の基本的な技法は慣れることでうまく形づくることができるようになります。本書の基礎技法をよく理解して練習しましょう。

　ギフトセットは、別図に従いそれぞれのパーツを作成し、ボックスの中に入れ、完成図のように形づくります。事前に完成図をよく見て繰り返し練習しておくことが大切です。

①段ボール板を固定する時は、ピンが裏や横に出ていないか、隙間がないか、垂直に自立しているか、注意します（本書「ピンナップの基礎知識と技法」参照）。
②薄葉紙は柔らかくふんわりと丸め、子供らしい形になるように仕上げます。
③パンツとボトムハンガーの中心を合わせて挟みます。
④左腕の肘の位置を確認して軽く折り、ポーズを決めてワイシャツクリップでパンツに留めます。
⑤T シャツとパンツの中心を揃え、足の向きや形を整えます。
⑥筒状に仕上げた際に、襟元からケント紙が見えないようにします。
⑦合わせ包みは、折り目をしっかりつけてシャープに仕上げます（本書「ラッピングの基礎知識と技法」参照）。
⑧リボンを十字に掛ける時は、裏側がねじれないように注意します（本書「ラッピングの基礎知識と技法」参照）。
⑨ギフトボックスの中に薄葉紙をふんわり入れます。ボックスの蓋、T シャツ B、ギフトボックス A を入れ、薄葉紙で動かないように調整します。薄葉紙は、見えないように仕上げます。
⑩バンダナの表裏を確認し、ひだ山を揃えてたたみます。山折りを正面にしてボックスに差し込みます。

中央職業能力開発協会編
平成29年度 技能検定3級 商品装飾展示 実技試験問題

商品装飾展示作業
1. 試験時間
　　標準時間　　1時間
　　打切り時間　1時間15分
2. 注意事項　　省略
3. 課題
「四季のおもてなし」をテーマに、仕様及び完成図に従い、食器売場のPPを想定した商品プレゼンテーションを行う。支給されたひもは、仕様に従い、必要な長さに切って使用する。

（※問題文中のアンダーライン部分は「問題のポイント解説」参照）

【仕様】
（1）スペースについて
　　別図1に従い、段ボール板（約250×約720）6枚を組み立て設置する。
　　グリッドポジションは、図のようにA、B、C、Dとする。①
（2）Aのグリッドについて（お正月）
　　イ．ナプキンA（約400×約400）は、別図2に従い5つのひだたたみにする。②　一番上のひだの中にケント紙①（約35×約395）を入れ2つに折り、中央のひだ及びケント紙①をシャツクリップ1本で留める。
　　ロ．イのナプキンAの「輪」のほうから70mmの位置をシャツクリップ1本で留め、ひもAでひと巻きにし蝶結びにする。
　　ハ．ロのナプキンAは、ワイングラスの中に入れ、お飾りは、蝶結びにしたひもAの中に差し込む。③
　　ニ．ハのワイングラスは、前端より150mmの位置でスペースの中央に配置する。
　　ホ．升（赤）は、前端より50mm、右端より70mmの位置に配置する。升（黒）は、升（赤）の上に中心を合わせ、45度回転させて乗せる。塗り箸は、完成図のように配置する。
　　ヘ．ケント紙POP用（約40×約120）を80mmの位置で折り、筆ペンで「お正月」と書き、前端より20mm左端より30mmの位置に配置し両面テープで留める。文字の書体は自由とする。

（3）Bのグリッドについて（桃の節句）

　　イ．ギフトボックス（約85×約85×約180）は組み立て、ラッピングペーパー（約380×約280）で合わせ包みにする。ひもBは、上から70mmの位置で別図3に従いかた結びに結び、ひもの端をギフトボックスの後ろへ回しひもに挟み込む。④桃の花は完成図のように添える。

　　ロ．イのギフトボックスは、前端より160mmの位置でスペースの中央に配置する。

　　ハ．ナプキンB（約400×約400）は、別図4に従いたたみ、完成図のように配置する。

　　ニ．ケント紙POP用（約40×約120）を、80mmの位置で折り、筆ペンで「桃の節句」と書き、前端より20mm右端より30mmの位置に配置し両面テープで留める。文字の書体は自由とする。

（4）Cのグリッドについて（涼を楽しむ）

　　イ．ナプキンC（約350×約350）は、別図5に従いケント紙②（約330×約140）とシャックリップ4本でフォーミングする。

　　ロ．「竹ざる」に、イのナプキンCを完成図のように斜めに配置し、ひもC2本を十字に掛け蝶結びにする。割箸と笹は完成図のように添える。⑤

　　ハ．ロの「竹ざる」は、皿立て（大）を使用し、前端より110mmの位置でスペースの中央に配置する。

　　ニ．ケント紙POP用（約40×約120）を80mmの位置で折り、筆ペンで「涼を楽しむ」と書き、前端より20mm右端より30mmの位置に配置し両面テープで留める。文字の書体は自由とする。

（5）Dのグリッドについて（もみじ狩り）

　　イ．ナプキンD（約450×約450）は、別図6に従いボール紙（約220×約110）とシャックリップ2本を使用しフォーミングする。割箸とミニしゃもじを完成図のようにナプキンのポケットに入れる。

　　ロ．イのナプキンDに、ひもDを巻き、別図3に従いかた結びに結ぶ。ひもの端をナプキンDの後ろへ回しひもに挟み込む。もみじは完成図のようにナプキンのポケットに入れる。⑥

　　ハ．ロのナプキンDは、皿立て（小）を使用し、前端より130mm、左端より70mmの位置に配置する。

　　ニ．箱（約85×約105×約70）は組み立て弁当箱とし、小風呂敷（約400×約400）でお使い包みに包み、前端より30mm右端より30mmの位置に配置する。

ホ．ケント紙POP用(約40×約120)を80mmの位置で折り、筆ペンで「もみじ狩り」と書き、前端より20mm左端より30mmの位置に配置し両面テープで留める。文字の書体は自由とする。

（6）残ったシャツクリップ（割れたシャツクリップ）は、グリッドの左手前にまとめて置いておき、セロハンテープで貼り付けること。⑦

※完成図と支給材料の形は若干違っております。
また、配置は完成図、仕様のとおり行ってください。

完成図

●グリッドポジション

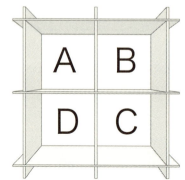

■別図1 （段ボール板の組み立て）

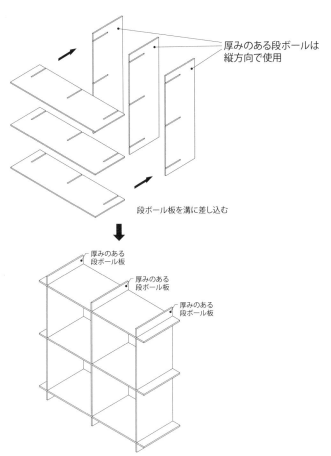

厚みのある段ボールは縦方向で使用

段ボール板を溝に差し込む

前面、背面が均一面になっているか確認する

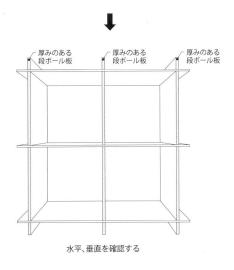

水平、垂直を確認する

101

■別図2

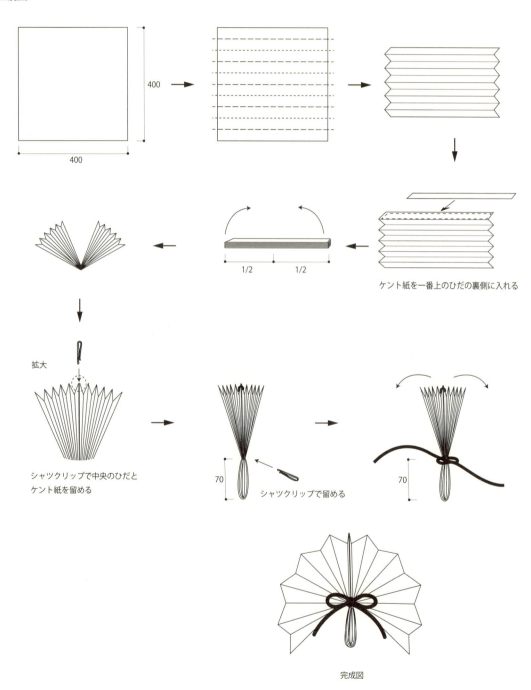

完成図

■別図3

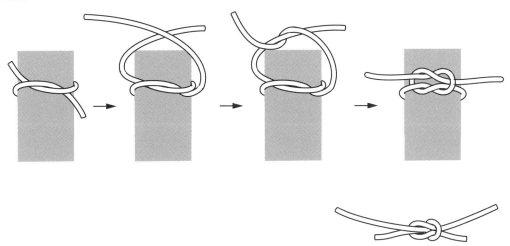

完成図

■別図4

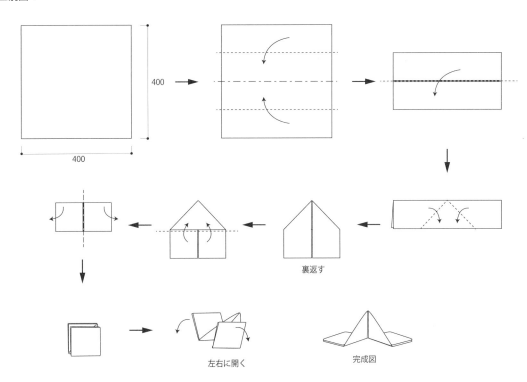

裏返す

左右に開く　完成図

■別図5

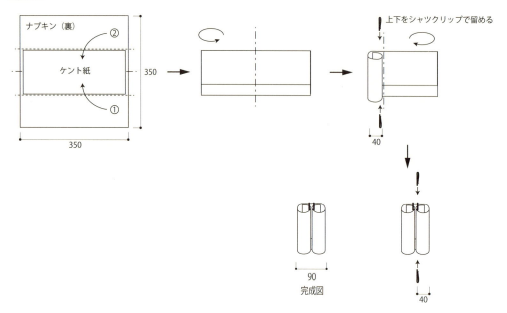

■別図6

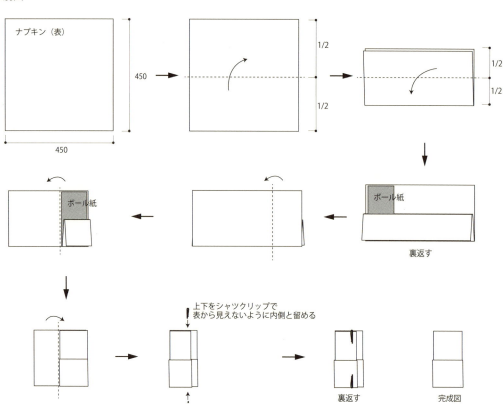

4．支給材料

支給材料は、調達の都合上、やむなく寸法又は規格等が若干変更になる場合があります。

品名		寸法（単位mm）又は規格等	数量	備考
段ボール板		約250×約720	6	グリッド用
A	升（赤・黒）	約75×約75×約45	各1	
	ワイングラス	直径約65　高さ約135	1	透明又は塗り風
	塗り箸		1	
	お飾り		1	
	ナプキンA（赤白）	約400×約400	1	
	ケント紙①	約35×約395	1	ナプキンA用
	ケント紙POP用	約40×約120	1	
	ひもA（赤金ミックス）	直径約4　長さ約500	1	
B	ギフトボックス	約85×85×約180	1	
	桃の花（造花）		1	
	ラッピングペーパー（桃色）	約380×約280	1	
	ナプキンB（桃色系）	約400×約400	1	
	ケント紙POP用	約40×約120	1	
	ひもB（赤）	直径約4　長さ約850	1	
C	竹ざる	直径約220	1	
	割箸		1	
	笹（造花）		1	
	皿立て（大）	約145×約105	1	
	ナプキンC（紺系）	約350×約350	1	
	ケント紙②	約330×約140	1	ナプキンC用
	ケント紙POP用	約40×約120	1	
	ひもC（青）	長さ約1500	2	竹ざる用
D	箱	約85×約105×約70	1	弁当箱用
	ミニしゃもじ（木地色）		1	
	割箸		1	
	もみじ（造花）		1	
	皿立て（小）	約115×約85	1	
	ナプキンD（緑系）	約450×約450	1	
	小風呂敷	約400×約400	1	
	ボール紙	約220×約110	1	ナプキンD用
	ケント紙POP用	約40×約120	1	
	ひもD（茶）	直径約4　長さ約700	1	
	シャツクリップ		10	グリッドA、C、D用

3級商品装飾展示（商品装飾展示作業）実技試験使用用具等一覧表

1．受検者が持参するもの

品名	寸法（単位mm）又は規格等	数量	備考
はさみ		1	
巻尺等	2000程度のもの	1	
直定規	300～500程度のもの	1	
セロハンテープ	幅10～15程度	適宜	

両面テープ	幅10～15程度	適宜	
筆ペン	黒	1	POP用
筆記用具		適宜	

注．持参するものは、上記のものに限るが、同一種類のものを予備として持参することは差し支えない。

2．試験場に準備してあるもの

品名	寸法（単位mm）又は規格等	数量	備考
長机		1	
いす		1	
くずかご		適宜	

平成29年度 3級実技【問題のポイント解説】

　3級は試験前に問題が公開されますので、前もって課題をよく理解すること、ナプキンのたたみ方やひもの結び方などについて何度も練習して受検に臨みましょう。

　「四季のおもてなし」というテーマは、和のイメージを意識して仕上げます。この課題では筆ペンを使用しますので、事前によく練習しておくことが重要です。POPの文字は、完成図のようにバランスの良い大きさ、読みやすさを意識して書きます。紙を折り曲げた角度は、4点とも同じ角度になるようにそれぞれ仕上げます。

　商品やスタンド類などを置く位置は、寸法で指示されているので、正確に定規などで測り、指示どおりの寸法か、商品が正面を向いているか傾いていないか、商品と商品の間隔は正しいか、などに注意しながら配置します。

　完成した最後に、各グリッド内の商品やPOPの位置、4つのグリッド全体のバランスが完成図のように仕上がっているか、再確認します。

①グリッド本体が歪んでいては、展示全体が美しく見えません。別図1の指示にあるように、縦と横では段ボールの厚みが違うこと、切り込みに隙間が残らないようにしっかり組み込むことなどに注意し、正しく水平垂直に組み立てます。
②ケント紙を使用するのは、ひだを合わせた時にまっすぐに隙間ができないよう、きれいに仕上げるためです。上下のクリップもきちんと留めましょう。
③ナプキンAは、ワイングラスの縁の中央に蝶結びの結び目がくるように差し込みます。
④BのグリッドのひもBのかた結びは、結び目がゆるくならないように注意します。また、後ろへ回した左右のひもも、外れないように固く挟み込みます。
⑤Cのグリッドに配置する際に、竹ざるの目、ナプキン、割箸、笹、十字掛けしたひもなど、それぞれの角度と位置について、完成図に合わせます。
⑥Dのグリッドの仕上げ方ですが、ポケットに入れる割箸やミニしゃもじはそれぞれが商品ですから、ひもへ挟むもみじの位置と重なりすぎて見えなくならないように、完成図をよく見て合わせます。
⑦残ったピンやシャツクリップは必ず指示に従いましょう。

中央職業能力開発協会編

平成 30 年度 技能検定 3 級 商品装飾展示 実技試験問題

商品装飾展示作業

1. 試験時間

　　標準時間　　1 時間

　　打切り時間　1 時間 15 分

2. 注意事項　　省略

3. 課題

　「母の日」をテーマに、仕様及び完成図に従い、「母の日ギフト」プロモーションスペースの PP を想定した商品プレゼンテーションを行う。全体が三角形構成になるように商品その他を配置する。リボンは、必要な長さに切って使用する。

　　　　　　　　　　　　　（※問題文中のアンダーライン部分は「問題のポイント解説」参照）

【仕様】

（1）スペースについて

　　イ．バックパネル（段ボール板 A：約 1000 ×約 600）は、別図 1 に従い、ベースパネル（段ボール板 B：約 600 ×約 400）の後方及び両側を囲むように立て、5 号ピン 4 本で固定する。①

　　ロ．カラーペーパー（約 500 ×約 350）は、ベースパネルの前端から 25mm、左端から 50mm の位置に両面テープで留める。②

　　ハ．段ボール板 C（約 250 ×約 200）は、断面にマスキングテープを継ぎ目が後ろになるように一周貼る。

　　ニ．サイコロ（約 120 ×約 120 ×約 120）2 個は、別図 2 に従い重ね、ハの段ボール板 C を上に載せ、両面テープで固定する。

　　ホ．ニのサイコロは、ベースパネルの前端から 230mm、右端から 180mm の位置に配置する。③

（2）ワイヤーバスケットについて

　　イ．ワイヤーバスケットは、セロハン（約 550 ×約 550）で上部を開けてキャンディ包みにし、両側をワイヤーリボンで結ぶ。④　完成図に従い段ボール板 C の中央に配置する。

　　ロ．フェイスタオル（約 320 ×約 780）は、別図 3 に従い、ケント紙 A（約 310 ×約

250）を使用してフォーミングし、直径約65mm、長さ約255mmに仕上げ、シャツクリップ2本で両側を留める。⑤　完成図のように中央にリボンA（幅約12）を掛けて蝶結びにする。

ハ．ハンドタオル（約340×約340）は、3つのひだ山を作り⑥、たたむ。中心をシャツクリップ1本で留め、2つに折る。

ニ．ギフトボックスA（約100×約130×約25）は、ラッピングペーパー（約260×約340）で斜め包みにし、リボンAを十字に掛けて蝶結びにする⑦。

ホ．上記のロ、ハ、ニ及びディスペンサー、カーネーション（3輪）は、完成図に従い、イのワイヤーバスケットの中に配置する。カーネーションは、バランスを考え、折り曲げてもよい。

（3）円形ボックスについて

イ．円形ボックス（直径約170）は、リボンB（幅約24）を完成図のように中央に巻き、後ろで両面テープで留める。

ロ．ミトンは、薄葉紙で立体的にパディングし、立てる。

ハ．ミトン、ヘラ、ケーキ型及びカーネーション（1輪）は、円形ボックスの中に配置し、紙パッキンを入れ、完成図のように整える。⑧

ニ．円形ボックスは、ベースパネルの前端から60mm、左端から120mmの位置に配置する。

（4）ハンカチギフトボックスについて

イ．ハンカチ（約420×約420）は、フォーピークスにたたみ⑨、別図4に従い、ケント紙B（約125×約195）を使用しフォーミングする。

ロ．ギフトボックスB（約129×約205×約13）は、イのハンカチを入れ中ぶたをして、リボンC（幅約18）を斜めに掛け、蝶結びにする。完成図に従い配置する。

（5）POPは、完成図のようにケント紙C（約120×約160）を2つに折り、上下にマスキングテープを貼り、「Thanks Mom!」と書いて配置する。⑩

（6）残ったピン及びシャツクリップ（曲がったもの、折れたものも含む）⑪は、ピンを刺してあったスチレンボードにセロハンテープで貼り付け、ベースパネルの左端手前に置く。余ったマスキングテープも置く。

※完成図と支給材料の形は、若干異なる場合があります。
また、配置は完成図、仕様のとおり行ってください。

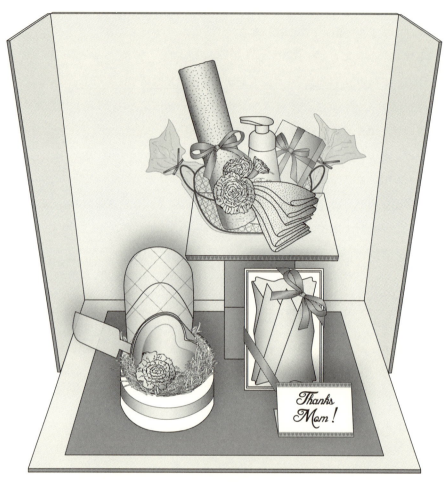

完成図

■別図1 （スペースの組み立て）

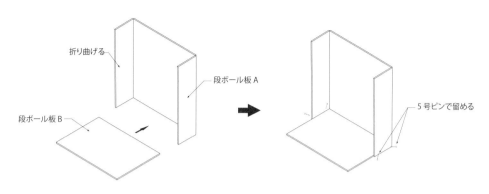

■別図2 （サイコロベース棚の組み立て）

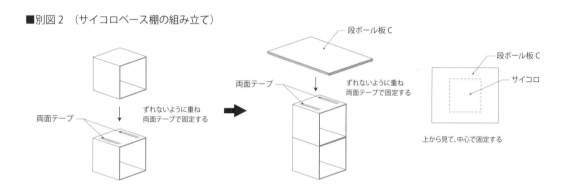

■別図3 （フェイスタオルのフォーミング）

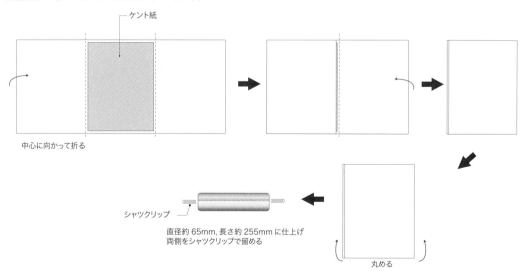

■別図4 （ハンカチギフトボックス）

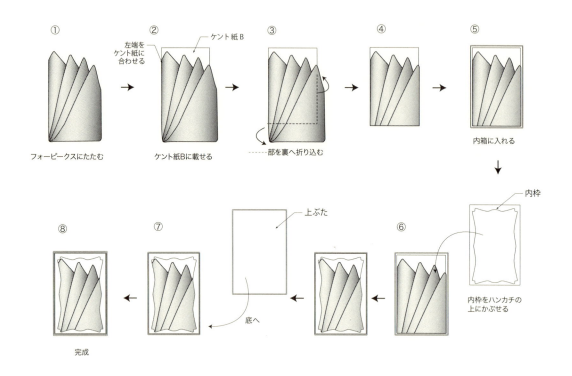

4. 支給材料

支給材料は、調達の都合上、やむなく寸法又は規格等が若干変更になる場合があります。

品名	寸法（単位mm）又は規格等	数量	備考
段ボール板A	約1000×約600	1	バックパネル用
段ボール板B	約600×約400	1	ベースパネル用
段ボール板C	約250×約200	1	
サイコロ	約120×約120×約120	2	
マスキングテープ	幅約7	1巻	段ボール板C用、POP用
カラーペーパー	約500×約350	1	ベースパネル用
ワイヤーバスケット	約200×約150（取っ手は除く）	1	
円形ボックス	直径約170	1	
フェイスタオル	約320×約780	1	
ハンドタオル	約340×約340	1	
ハンカチ	約420×約420	1	
ディスペンサー	直径約75×約170	1	
ミトン	約130×約235	1	
ヘラ	長さ約260	1	
ケーキ型	約135×約130	1	
カーネーション		2セット	3輪×1、1輪×1
ギフトボックスA	約100×約130×約25	1	

ギフトボックスB	約129×約205×約13	1	ハンカチ用
ラッピングペーパー	約260×約340	1	
セロハン	約550×約550	1	
ワイヤーリボン	長さ約100	2	
リボンA（ピンク）	幅約12×約2000	1	
リボンB（ピンク）	幅約24×約600	1	
リボンC（ピンク）	幅約18×約1000	1	
紙パッキン（ピンク）		1袋	
薄葉紙		2	ミトン用、円形ボックス用
ケント紙A	約310×約250	1	タオルフォーミング用
ケント紙B	約125×約195	1	ハンカチフォーミング用
ケント紙C	約120×約160	1	POP用
5号ピン		6	
シャツクリップ	プラスチック製	5	

3級商品装飾展示（商品装飾展示作業）実技試験使用用具等一覧表

1．受検者が持参するもの

品名	寸法（単位mm）又は規格等	数量	備考
金づち又はピンピッター		1	ピン打ち用
はさみ		1	
巻尺等	2000程度のもの	1	
直定規	300～500程度のもの	1	
セロハンテープ	幅10～15程度	適宜	
両面テープ	幅10～15程度	適宜	
サインペン	6色程度	適宜	POP用
筆記用具		適宜	

注．持参するものは、上記のものに限るが、同一種類のものを予備として持参することは差し支えない。

2．試験場に準備してあるもの

品名	寸法（単位mm）又は規格等	数量	備考
長机		1	
いす		1	
くずかご		適宜	

平成 30 年度　3 級実技【問題のポイント解説】

　3級は試験前に問題が公開されますので、前もって課題をよく理解しておきましょう。ハンドタオルやハンカチのたたみ方、ラッピングなど、何度も練習して受検に臨むことが大切です。配置が寸法で細かく指示されているものは定規で測り、正確な位置に置きます。商品が正面を向いているか、三角形構成のバランスは良いかなど、完成図のように仕上がっているかを最後に再確認してください。

①段ボール板A、Bを固定する時は、ピンが裏や横に出ないように注意して打ちます。隙間がないか、垂直に自立しているかを確認します（本書「ピンナップの基礎知識と技法」参照）。
②カラーペーパーは、指示された位置に、シワやたるみが出ないように留めます。
③2つのサイコロの重なりがズレていないか、段ボール板Cはサイコロの中心に置かれているかを確認し、指示された位置に置きます。
④ワイヤーリボンで結ぶ位置は、左右同じにします（本書「ラッピングの基礎知識と技法」参照）。
⑤フェイスタオルをフォーミングする時は、タオルにシワやたるみが出ないように、手で伸ばしながら作業を進めていきます。
⑥ハンドタオルは3つのひだ幅を揃え、山折りを手前にして差し込みます（本書「タオル、ナプキンの扱い方」参照）。
⑦斜め包みは難しいので何度も練習しておくことが大切です。リボンがたるまないよう、うしろでしっかり留めます（本書「ラッピングの基礎知識と技法」参照）。
⑧紙パッキンは、他の商品を安定させる役目もあります。入れた後は、正面から見てきれいに見えるよう整えます。
⑨フォーピークスは別図4に従って、きれいに仕上がるように何度も練習しましょう（本書「ハンカチのたたみ方」参照）。
⑩POPの文字は完成図のようにバランスの良い大きさ、読みやすさを意識して書きます。
⑪残ったピンやシャツクリップは、指示に従いましょう。

中央職業能力開発協会編

平成 27 年度 技能検定 2 級 商品装飾展示 実技試験問題

商品装飾展示作業

1. 試験時間

    標準時間　　1 時間 20 分

    打切り時間　1 時間 40 分

2. 注意事項

（1）支給された材料の品名、数量等が、「4. 支給材料」に示すとおりであることを確認すること。

（2）支給された材料に異常がある場合は、申し出ること。

（3）試験開始後は、原則として、支給材料の再支給をしない。

（4）使用用具等は、「使用用具等一覧表」で指定した以外のものは使用しないこと。

（5）試験中は、用具等の貸し借りを禁止する。

（6）作業は、技能検定委員の合図により開始すること。

（7）標準時間を超えて作業を行った場合には、超過時間に応じて減点される。

（8）打切り時間の合図があった場合には、直ちに作業をやめ、技能検定委員の指示に従うこと。

（9）提出作品への受検番号の付け方は、指示されたとおりにすること。

（10）試験中の私語は、禁止する。

（11）作業時の服装等は、作業に適したものであること。

（12）試験中は、携帯電話（電卓機能の使用も含む。）等の使用を禁止とする。

（13）機器操作、工具・材料の取扱い等について、そのまま継続すると機器・設備等の破損や怪我を招くおそれがある危険な行為であると技能検定委員が判断した場合、試験中にその旨を注意することがある。

　　　さらに、当該注意を受けてもなお、危険な行為を続けた場合は、試験を中断し、技能検定委員全員が試験継続不可と判断した場合は、失格とする。

　　　ただし、緊急性を伴うと判断された場合は、注意を挟まず、即中止（失格）とすることがある。

3. 課題

　「ホワイトデーギフト」をテーマに、仕様及び完成図に従い、ホワイトデープラザのPPを想定した商品プレゼンテーションを行う。支給されたリボンは、仕様に従い、必要な長さに切って使用する。

（※問題文中のアンダーライン部分は「問題のポイント解説」参照）

【仕様】
(1) スペースと構成について
　　イ．別図1に従い、段ボール板（約250×約720）6枚を組み立て設置する。①
　　　　グリッドポジションは、図のようにA、B、C、Dとする。
　　ロ．構成は、AとDは三角形構成とし、BとCはシンメトリー構成とする。
(2) Aのグリッドについて
　　イ．ブックスタンドは別図2に従い、両面テープで固定する。
　　ロ．ノート（大）はブックスタンドを立て掛け配置する。
　　ハ．ノート（小）はリボンAを十字にかけ蝶結びにし、ノート（大）の前に配置する。リボンの左側の垂れは長めに残しておく。
　　ニ．カラーペンとペンケースは、カゴの中に入れる。カラーペンは赤を手前に色相環の順に並べる。②
　　ホ．カラーテープは中央に配置する。
　　ヘ．ノートを結んだリボンは完成図に従い形を整え、全体を三角形構成にする。③
(3) Bのグリッドについて④
　　イ．ハンドタオルは別図3に従い、幅約135mm、長さ約105mmにたたみ、シャツクリップで留め2枚を重ねる。
　　ロ．フェイスタオルは別図4に従い、幅約185mm、長さ約100mmにたたみシャツクリップで留める。
　　ハ．3枚のフェイスタオルはオフホワイト真ん中に幅約140mmになるように手前から約60mmの位置に配置し、完成図に従い、ワイングラスを両サイドに立てる。
　　ニ．ハンドタオルはフェイスタオルの上に載せ、全体をシンメトリー構成にする。
(4) Cのグリッドについて
　　イ．円筒は別図5に従い、ラッピングペーパーで包み、リボンBを十字にかけ、蝶結びにする。⑤
　　ロ．レースペーパーは「HAPPY WHITE DAY」と書き、イの中央に両面テープで貼る。⑥
　　ハ．スプレーボトル（大）（小）は、カラーペーパー（大）（小）でそれぞれ巻き、完成図に従ってシール（大）（小）を貼り、正面を向けて配置する。⑦
　　ニ．タオルハンカチは別図6に従い、ミニキャンドルにたたみカップに入れる。セロハン袋に入れて、ワイヤーリボンで留めて、⑧配置し、全体がシンメトリー構成になるようにする。

(５) Dのグリッドについて
　イ．ポーチは薄葉紙を入れて形を整え、⑨ スペースの中央に配置し、シルクピン２本で両サイドを固定する。
　ロ．ハンカチはバランスの良い位置でアンビエを作り、二つに折り、ポーチへ差し込み形を整える。完成図に従い、アンビエの先端をシルクピン１本で天井に留める。⑩
　ハ．天井に３号ピンを打ち、テグスを揚げ、コームをフライングし、ポーチへ差し込む。
　ニ．シュシュは完成図に従い、右前方に配置し、全体を三角形構成にする。
(６) 残ったピン、シャツクリップ（曲がったピン、割れたシャツクリップ）については、すべてピンを刺してあったスチレンボードにセロテープで貼り付け、グリッドの前に置く。⑪
※なお、約〇〇mmは、〇〇±5mm以内とする。

※完成図と支給材料の形は若干違っております。
また、配置は完成図、仕様のとおり行ってください。

完成図

●グリッドポジション

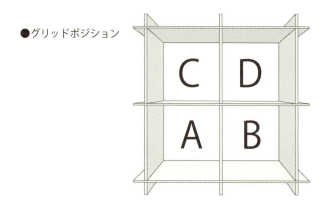

■別図1 （段ボール板の組み立て）

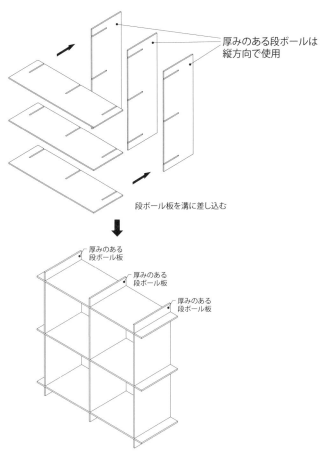

厚みのある段ボールは縦方向で使用

段ボール板を溝に差し込む

前面、背面が均一面になっているか確認する

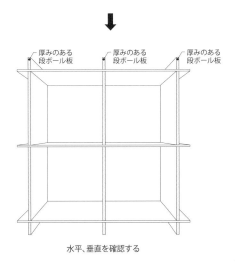

水平、垂直を確認する

119

■別図2 （ブックスタンドの設置位置）

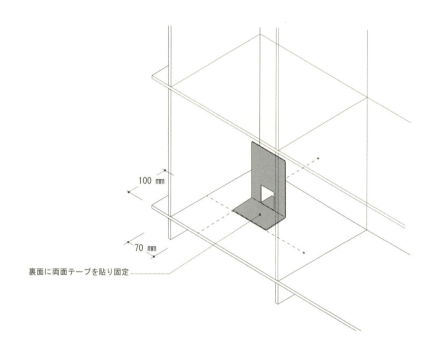

120

■別図3 (ハンドタオルのたたみ方)

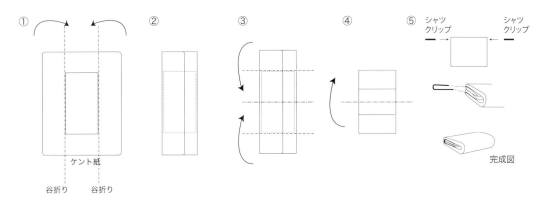

■別図4 (フェイスタオルのたたみ方)

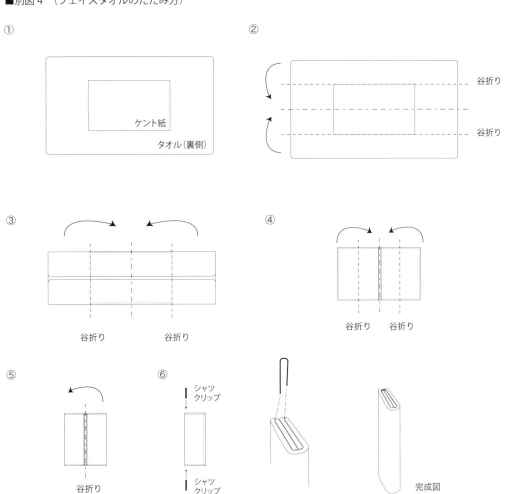

■別図5 （円筒の包み方）

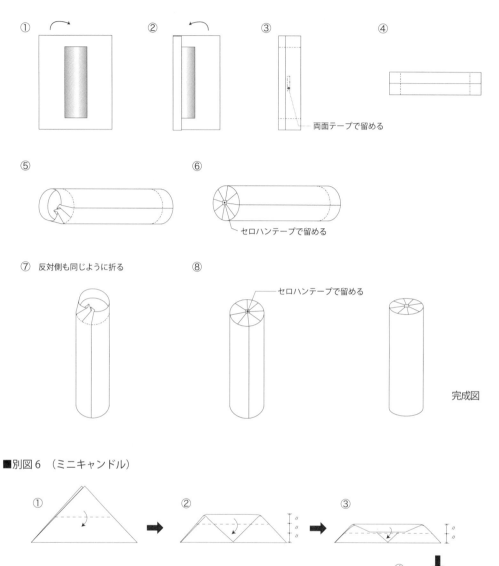

■別図6 （ミニキャンドル）

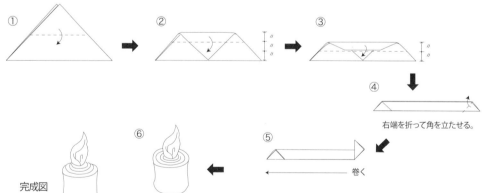

122

4. 支給材料

　支給材料は、調達の都合上、やむなく寸法又は規格等が若干変更になる場合があります。

	品名	寸法（単位mm）又は規格等	数量	備考
	段ボール板	約250×約720	6	グリッド用
A	ノート（大：ピンク）	約250×約180	1	
	ノート（小：ブルー）	約210×150	1	
	カラーペン6色（赤・橙・黄・緑・青・紫）		1	6本1組
	ペンケース（ピンク）		1	
	カゴ（ピンク）	約105×約90	1	
	カラーテープ（チェック）		1	
	リボンA（ブルー）	幅約25　長さ約2000	1	
	ブックスタンド（ピンク）	約110×約130×約60	1	
B	ハンドタオル（オフホワイト）	約290×約370	2	
	フェイスタオル（ブラウン）	約300×約760	2	
	フェイスタオル（オフホワイト）	約300×約760	1	
	ワイングラス	約65×約130	2	
	ケント紙（大）	約380×約180	3	フェイスタオル用
	ケント紙（小）	約220×約120	2	ハンドタオル用
	シャツクリップ		12	
C	スプレーボトル（大）	直径約45　高さ約175	2	
	スプレーボトル（小）	直径約40　高さ約140	2	
	タオルハンカチ（オフホワイト）	約245×約250	1	
	円筒	約80×約250	1	
	ラッピングペーパー（ベージュ）	約330×約265	1	円筒用
	カラーペーパー（大：ピンク）	約160×約100	2	スプレーボトル（大）用
	カラーペーパー（小：ピンク）	約140×約70	2	スプレーボトル（小）用
	シール（大）		2	スプレーボトル（大）用
	シール（小）		2	スプレーボトル（小）用
	リボンB（ブラウン）	幅約12　長さ約2000	1	
	カップ	約60×約60	1	
	セロハン袋	約120×約200	1	
	ワイヤーリボン	約160	1	
	レースペーパー（白）	約100	1	
D	ポーチ	約210×約100×約80	1	
	ハンカチ（ブルー）	約420×約420	1	
	コーム（シルバー）	約120×約40	1	
	シュシュ（ピンク）	約120	1	
	薄葉紙		1	
	シルクピン		5	
	3号ピン		3	
	テグス　3号		1	

2級商品装飾展示（商品装飾展示作業）実技試験使用用具等一覧表
1. 受検者が持参するもの

品名	寸法（単位mm）又は規格	数量	備考
金づち及びピンピッター		1	ピン打ち用
はさみ		1	
巻尺等	2000程度のもの	1	
直定規	300〜500程度のもの	1	
両面テープ	幅10〜15程度 長さ5000程度	1巻	
セロハンテープ	幅10〜15程度	適宜	
サインペン	6色程度	適宜	POP用
筆記用具		適宜	

注．持参するものは、上記のものに限るが、同一種類のものを予備として持参することは差し支えない。

2. 試験場に準備してあるもの

品名	寸法（単位mm）又は規格等	数量	備考
長机		1	
いす		1	
くずかご		適宜	

平成27年度　2級実技【問題のポイント解説】

　2級は課題の概要が前もって公開されます。基礎とともに、その内容をもとに受検に必要と考えられるテクニックや知識を含め、しっかり練習しておきましょう。

　課題の「ホワイトデー」というテーマを、女性が使用するいろいろな商品で展開します。

　各グリットごとに、三角形構成やシンメトリーなどの構成でまとめます。そのために、ピンやテグスを用いて商品を吊りますので、ピンの打ち方やテグスの留め方などの技術は、ガイドブック（学科編と実技編の基礎知識と技法）を参考に、何度も練習してマスターしておきましょう。

　商品やスタンド類などを置く位置は、寸法で指示されているので、正確に定規類などで測り、指示どおりの寸法か、商品が正面を向いているか、傾いていないか商品と商品の間隔は正しいか、などに注意しながら配置します。

　完成した最後に、各グリッド内の商品やPOPの位置、4つのグリッド全体のバランスが完成図のように仕上がっているか、再確認しましょう。

①グリッド本体が歪んでいては、展示全体が美しく見えません。別図1の指示にあるように、縦と横では段ボールの厚みが違うこと、切り込みに隙間が残らないように、しっかり組み込むこ

となどに注意し、正しく水平垂直に組み立てます。
②色相環については基本的に「赤→オレンジ→黄→緑→青→紫→赤」の順番を理解しておくと応用できます。
③三角形構成についてはガイドブックを参照して理解しましょう。ポイントは、商品を配置した構成を正面及び上から見た際に三角形であること、奥に大きい物から手前へ小さな物へと奥行きのある商品配置になっていること、商品が重なり合ってもそれぞれの特徴が分かる位置に置かれていることです。
④タオルはケント紙に合わせてたたみ、形を整えます。それぞれの仕上がりの高さと厚みを揃えます。
　全体がシンメトリーに配置され、フェイスタオルが指定された位置に配置されているか、確認しましょう。
⑤別図5の②では、ラッピングペーパーに対して円筒を正しく垂直に置くこと、ペーパーの上下の空きの寸法が均等であること、別図5の③では歪まないように包み、テープで留めること、別図5の⑤では筒を回しながら均等にひだを折っていくこと、などがきれいに仕上げるための包み方のポイントです。
⑥POPの文字は、完成図のようにバランスの良い大きさ、読みやすさを意識して書きます。両面テープで留める位置は、手前の商品で隠れて見えなくならないように注意します。
⑦スプレーボトルは、サイズごとに、同じ高さにカラーペーパーを巻き、同じ位置にシールを貼ります。
⑧透明なセロハンでラッピングする場合は、中の商品の特徴がよく見えるように仕上げます。全体をシンメトリーに配置するためには、Cスペースの幅を定規等で測り、中心位置を決めてから配置しましょう。
⑨薄葉紙はポーチの隅までしっかり入れ、形よく仕上げましょう。ピンは、商品を傷めないようになるべく縫い目で、お客さまからピンが見えない位置へ打ちます。
⑩シルクピンは、商品を傷めないように、アンビエの先端の縫い目に目立たないように刺します。またグリッド本体から突き抜けないように注意しましょう。打った後に完成図どおりに仕上がってるか、再度、アンビエの形を確認することが大切です。
⑪残ったピンやクリップは必ず指示に従いましょう。

中央職業能力開発協会編

平成28年度 技能検定2級 商品装飾展示 実技試験問題

商品装飾展示作業

1. 試験時間
　　標準時間　　1時間20分
　　打切り時間　1時間40分
2. 注意事項　　省略
3. 課題

　「キッズギフト」をテーマに、仕様及び完成図に従い子供服売場のVPを想定したビジュアルプレゼンテーションを行う。フォーミング用のケント紙や薄葉紙は商品から出ないように使用し、子供らしさを表現する。支給されたケント紙、ラッピング用紙及びリボンは仕様に従い必要寸法に切って使用すること。
　TシャツA、B、バンダナA、B、及びソックスA、Bの色、組み合わせは自由とする。

（※問題文中のアンダーライン部分は「問題のポイント解説」参照）

【仕様】

（1）スペースの組み立てについて
　　イ．段ボール板A（約1200×約700）は、別図1に従い両側を折りコの字形にし、段ボール板B（約750×約450）の後方及び両側を囲むように立て、5号ピン4本で固定する。①
　　ロ．丸棒（直径約9×長さ約900）は、サイドパネル（側面部分）の上部真ん中の溝にはめ込む。左右のサイドパネルから出た丸棒の長さを揃える。②

（2）ハンガーコーディネイトについて
　　イ．TシャツAはハンガーに掛け、完成図に従いサイドパネルの左端から約200mmの位置で、S字フックを使い丸棒に掛ける。
　　ロ．別図2に従いケント紙A（約200×約300）を切って、パンツの中に入れ、ボトムハンガーで挟む。③
　　ハ．ロはイのハンガーに掛け中心を揃えTシャツとパンツを合わせる。
　　ニ．ソックスAは、ケント紙B（約200×約160）2枚を高さ約200mm、直径約50mmの筒状にしたものでパディングし、左右の靴の中に入れる。完成図のようにパンツの

　　　　中に入れ配置する。パンツの裾は完成図に従いソックスが見えるようにロールアップする。④

　　ホ．Tシャツは、両腕に薄葉紙（白）を1枚ずつ入れ、右腕を別図3のようにフォーミングし、ワイシャツクリップ1本で留める。

　　ヘ．バンダナAは、別図4に従いバイアスにたたみ、Tシャツの首元に巻く。

（3）ロープ（直径約6〜8mm×約2300）について

　　イ．ロープは、別図5に従いサイドパネル右端から約200mmの位置で丸棒に一巻きし、左右の長さを均等にする。

　　ロ．右手のロープは、ベースパネル前端から約300mm右端から約100mmの位置に3号ピン2本でたるみなく留める。

　　ハ．左手のロープは、ベースパネル前端から約300mm右端から約300mmの位置に3号ピン2本でたるみなく留める。⑤

　　ニ．ロープの両端は、ひと結びにし完成図のように配置する。

（4）TシャツBは、別図6に従いケント紙C（約250×約350）とワイシャツクリップ1本でフォーミングする。⑥
　　完成図のように洗濯バサミ1個を使用しロープに留める。

（5）ソックスBは、ケント紙D（約250×約250）を足型に切ったものでパディングする。⑦
　　完成図のように片方は洗濯バサミ1個を使用しロープに留める。

（6）ギフトセットについて

　　イ．ギフトボックスA（約160×約160×約125）は、蓋を取り完成図に従い、ベースパネルの前端から約100mm、右端から約110mmの位置に配置する。

　　ロ．ギフトボックスB（約130×約180×約50）は組み立て、ラッピングペーパー（約470×約390）で斜め包みにし⑧、リボンを十字に掛け蝶結びにする。

　　ハ．バンダナBはフォーピークスにたたみ⑨、形を整え完成図のようにギフトボックスAに入れる。

　　ニ．イで配置したギフトボックスAに、薄葉紙（白）1枚を丸めて入れ上げ底にし、その上に薄葉紙（ブルー）1枚を入れ完成図のようにアレンジする。⑩

　　ホ．ギフトボックスAの蓋、ロのギフトボックスB、ハのバンダナB、及びソックスBの片方を完成図のように配置する。

（7）POPについて⑪

　　ケント紙E（約120×約120）をTシャツ形に切り「KIDS GIFT」と書き、裏面にバルーン

スティックをセロハンテープで貼りギフトボックスＡの中に配置する。書体及び色は自由とする。

(8) 残ったピン（曲がったピンも含む）、ワイシャツクリップ（割れたクリップも含む）はベースパネルの向かって左前端の位置にセロハンテープで貼り付ける。⑫

※完成図と支給材料の形は若干違っております。
また、配置は完成図、仕様のとおり行ってください。

完成図

■別図1 （スペースの組み立て）

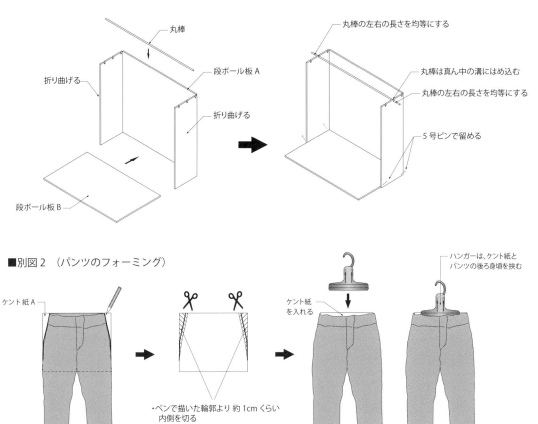

■別図2 （パンツのフォーミング）

■別図3 （左袖のフォーミング）

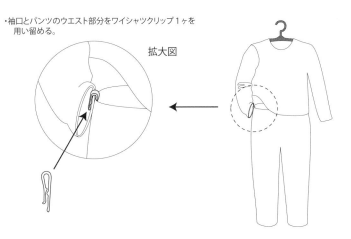

129

■別図4 （バンダナのフォーミング）

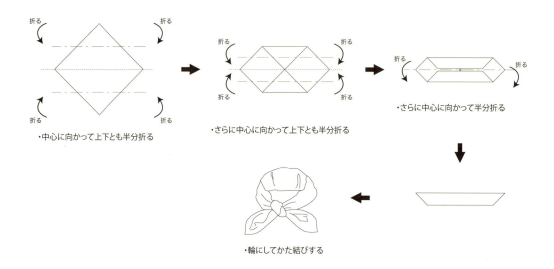

■別図5 （ロープの留め位置／単位㎜）

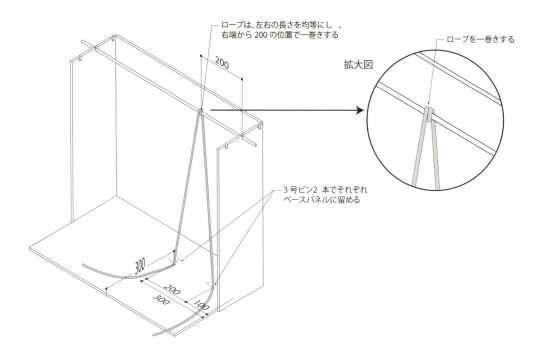

■別図6 （TシャツBのフォーミング）

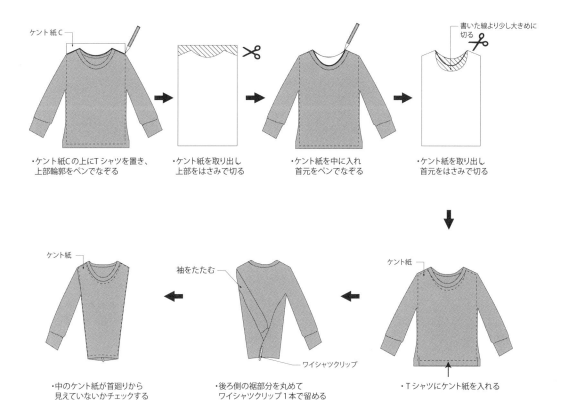

4. 支給材料

支給材料は、調達の都合上、やむなく寸法又は規格等が若干変更になる場合があります。

品名	寸法（単位mm）又は規格等	数量	備考
段ボール板A	約1200×約700	1	バックパネル用
段ボール板B	約750×約450	1	ベースパネル用
丸棒	直径約9　長さ約900	1	
ロープ	直径約（6～8）　長さ約2300	1	
Tシャツ（レッド、グレー）	長袖　男児用　サイズ80	2	
パンツ	男児用　サイズ80	1	ジーンズ
ソックス		2	
靴		1	
ハンガー（白）	約245	1	プラスチック製
ボトムハンガー		1	
バンダナ（オレンジ、ブルー）	約510×約510	2	
ギフトボックスA（クラフト）	約160×約160×約125	1	
ギフトボックスB（白）	約130×約180×約50	1	
ラッピングペーパー（クラフト）	約470×約390	1	文字入り
リボン（ブルー）	幅約12　約1300	1	
洗濯バサミ	アルミ製	2	
バルーンスティック	約300	1	POP用
S字フック	長さ約50	1	金属製
薄葉紙（ブルー）		1	
薄葉紙（白）		3	
ケント紙A	約200×約300	1	
ケント紙B	約200×約160	2	
ケント紙C	約250×約350	1	
ケント紙D	約250×約250	1	
ケント紙E	約120×約120	1	POP用
3号ピン		6	
5号ピン		6	
ワイシャツクリップ		4	

2級商品装飾展示（商品装飾展示作業）実技試験使用用具等一覧表

1. 受検者が持参するもの

品名	寸法（単位mm）又は規格等	数量	備考
金づち又はピンピッター		1	ピン打ち用
はさみ		1	
巻尺等	2000程度のもの	1	
直定規	300～500程度のもの	1	
両面テープ	幅10～15程度　長さ5000程度	1巻	
セロハンテープ	幅10～15程度	適宜	
サインペン	6色程度	適宜	POP用
筆記用具		適宜	

注. 持参するものは、上記のものに限るが、同一種類のものを予備として持参することは差し支えない。

2. 試験場に準備してあるもの

品名	寸法（単位mm）又は規格等	数量	備考
長机		1	
いす		1	
くずかご		適宜	

平成28年度 2級実技【問題のポイント解説】

「キッズギフト」がテーマです。子供らしさを表現することが求められています。ハンガーコーディネイトのパディング及びフォーミングがポイントになります。別図に従っての作業が多くあります。詳細に説明がしてありますので、1つひとつを確認しながら作業を進めます。ハンガーコーディネイト、ロープ、ギフトボックスの位置が各々指示されていますので、最後にもう一度確認しましょう。

①段ボール板A、Bを固定する時は、ピンが裏や横に出ないように注意して打ちます。隙間がないか、垂直に自立しているかを確認します（本書「ピンナップの基礎知識と技法」参照）。

②サイドパネルから出た丸棒の長さは、揃えるよう指示されています。作業時に動くことも考えられますので、そのつど確認が必要です。

③ケント紙がサイズ違いで複数あります。使用を誤らないよう気をつけましょう。
　パンツのフォーミングは、別図2で分かりやすく詳細に説明していますので、順番に沿って作業を進めます。ボトムハンガーは、ケント紙とパンツの後ろ身頃の中心で挟みます。

④パンツの裾をロールアップし、ソックスが見えるようにします。子供らしさの演出の一つです。子供らしさの表現が求められていますが、フォーミングをする時にもそのポイントがあります。薄葉紙は固く丸めすぎず、ふっくらした感じを出すようにします。

⑤ロープを3号ピンでベースパネルに留める時は、2本のピンを寝かせるようにして打ちます。ベースパネルに留める位置が指示されていますので、正しい位置にしっかり留めます（本書「ピンナップの基礎知識と技法」参照）。

⑥分かりやすく細かい指示がされていますので、矢印に沿って行います。最後にケント紙が見えていないかをチェックします。

⑦ケント紙を足型に切る時は、ソックスより少し大きめに切るのがポイントです（本書「靴下・手袋の演出」参照）。

⑧斜め包みは難しいので何度も練習しておくことが大切です（本書「ラッピングの基礎知識と技法」参照）。

⑨フォーピークスは、4つの角の先の重なりがズレないようにします（本書「ハンカチのたたみ方」

参照)。
⑩薄葉紙（ブルー）は、シワが出すぎないように仕上げます。
⑪POPの文字は、完成図のようにバランスの良い大きさ、読みやすさを意識して書きます。
⑫残ったピンやワイシャツクリップについては、指示に従います。

中央職業能力開発協会編
平成29年度 技能検定2級 商品装飾展示 実技試験問題

商品装飾展示作業
1. 試験時間
   標準時間　　1時間20分
   打切り時間　1時間40分
2. 注意事項　　省略
3. 課題

「正月のおもてなし」をテーマに、仕様及び完成図に従い、食器売場のVPスペースを想定したビジュアルプレゼンテーションを行う。

（※問題文中のアンダーライン部分は「問題のポイント解説」参照）

【仕様】
（1）スペースの組み立てについて（別図1）
　　イ．段ボール板A（約1200×約700）は、別図1に従い両側を折りコの字形にし、段ボール板B（約750×約450）の後方及び両側を囲むように立て、5号ピン4本で固定する。①
　　ロ．丸棒（直径約9　長さ約900）は、サイドパネル（側面部分）の上部一番奥の溝にはめ込む。左右のサイドパネルから出た丸棒の長さを揃える。
（2）背景の布について
　　イ．布A（約900×約1500）は、布の耳が出ないように幅約300mmで3分の1に折り、仕上げる。丸棒の中央に掛けて、しわが出ないようにまっすぐに下ろし、端を揃えて後ろに折り3号ピン2本で両端を固定する。②
　　ロ．ひもAは布の右端から60mmの位置に掛け、側面図に従いバックパネルの上端から30mmの位置にひもの上端を3号ピン1本で固定する。ひもをまっすぐに下ろし、下端をベースパネルに3号ピン1本で固定する。余りは切る。
　　ハ．水引飾りは、ひもAの上から150mmの位置に結び目がくるようにし、3号ピン1本で取り付ける。
（3）花器及び千両の枝について
　　イ．紙管（直径約80　高さ約300）は、別図2に従いラッピングペーパー（約300×約

350）で包み、花器とする。③

ロ．ひもBは、紙管の下から150mmの位置にかた結びで結び、端を別図2のように挟む。

ハ．花器の中にエアパッキンを詰め、上げ底にする。

ニ．千両の枝は、茎を折って長さを調整し、高低差をつけバランスよく生ける④。

ホ．3本の水引（金・白・赤）は、完成図のようにバランスよく差し込む。

ヘ．完成した花器は、平面図に従い左端より120mmの位置に配置する。

（4）台について

イ．段ボール板C（約500×約250）は、布B（約600×約300）で巻き込み、しわが出ないように整え、裏面に両面テープで留める。⑤

ロ．イの段ボール板Cの裏面の中央に箱A（約160×約160×約125）を、両面テープで固定し、台とする。台は、平面図に従い角Aを左端から100mm、奥から200mm、角Bは奥から50mmの位置に配置する。

ハ．丸盆（約240）は、平面図に従い台の左端から70mmの位置に配置する。

ニ．ペットボトルは、別図3に従い風呂敷Aで包む。

ホ．折り紙は、別図4に従い箸袋を作り、箸を収める。⑥

ヘ．ナプキン（約300×約300）は、別図5に従い、5つのひだ山を作って半分に折り、ひもCで結ぶ。⑦

ト．升は、黒を下に赤を上にし、完成図のように角度をつけて重ねて配置する。

チ．ヘは赤い升に入れ、シャンパングラスとニ、ホは完成図のように配置する。

（5）風呂敷包みについて⑧

箱Bは別図6に従い、風呂敷Bで包み、平面図に従い右端から80mm、手前から30mmの位置に配置する。

（6）ケント紙（約60×約150）を110mmの位置で折り、筆ペンで「和のおもてなし」と書いてPOPとし、台の上へ完成図のように配置する。書体は自由とする。⑨

（7）残ったピン（曲がったピンを含む）は、すべてピンを刺してあったスチレンボードにセロハンテープで貼り付け、ベースパネルの左端手前に置く。⑩

※完成図と支給材料の形は若干違っております。
また、配置は完成図、仕様のとおり行ってください。

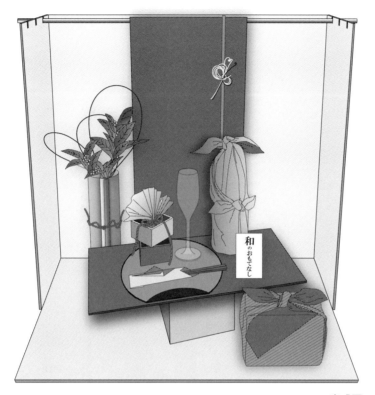

完成図

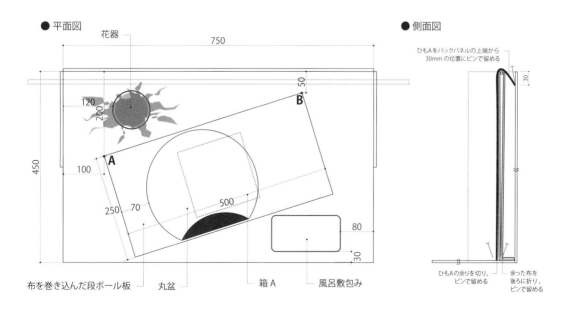

● 平面図

● 側面図

■別図1 （スペースの組み立て）

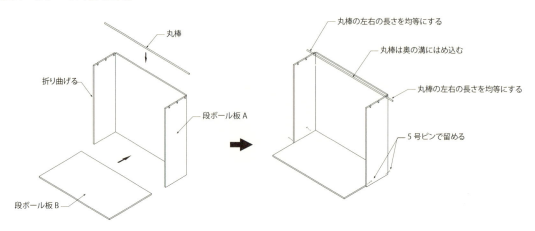

■別図2 （花器／紙管の包み方）

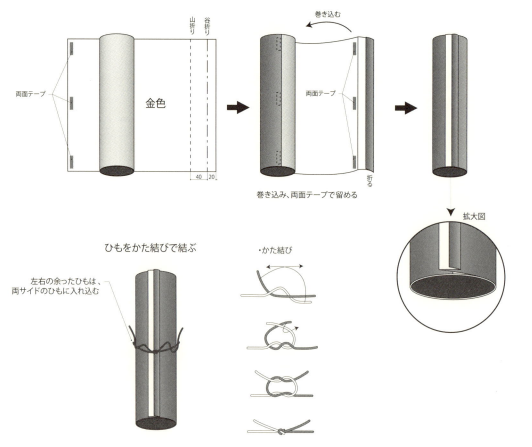

■別図3 （ペットボトルの包み方）

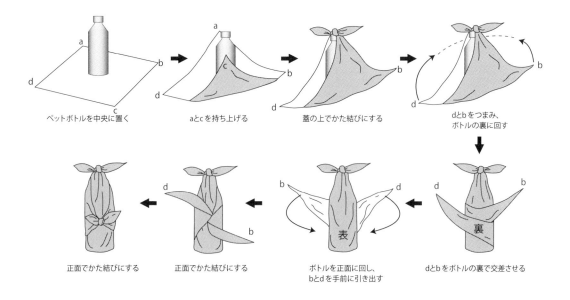

■別図4 （箸袋の折り方）

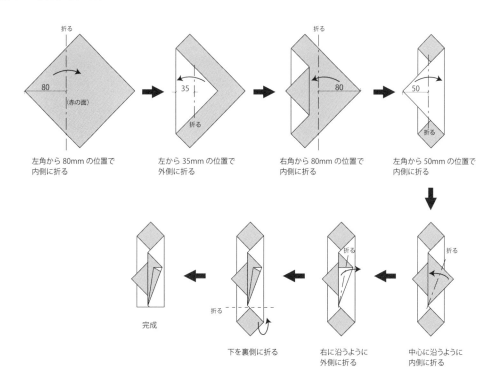

139

■別図5 （ナプキンのたたみ方）

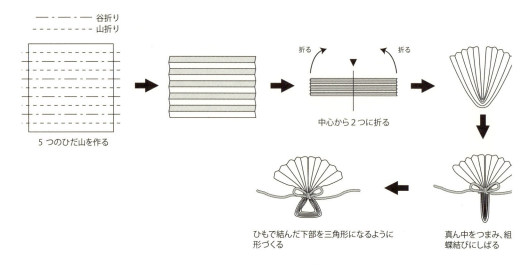

■別図6 （風呂敷包み）

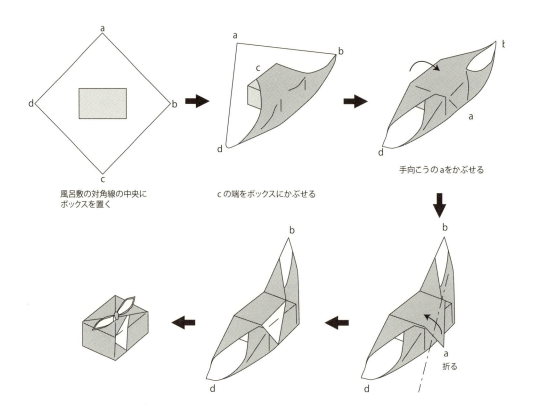

4. 支給材料

支給材料は、調達の都合上、やむなく寸法又は規格等が若干変更になる場合があります。

品名	寸法（単位mm）又は規格等	数量	備考
段ボール板A	約1200×約700	1	バックパネル用
段ボール板B	約750×約450	1	ベースパネル用
段ボール板C	約500×約250	1	
丸棒	直径約9　長さ約900	1	
升（赤・黒）	約75×約75×約45	各1	
箸（黒）		1	
シャンパングラス	直径約50　高さ約215	1	
ペットボトル（丸）	1リットルサイズ	1	水入り
紙管	直径約80　高さ約300	1	
枝物（千両）		2	
丸盆（赤）	約240	1	
箱A（クラフト）	約160×約160×約125	1	台用
箱B	約165×約115×約85	1	風呂敷包み用
ナプキン	約300×約300	1	ナプキン用
ラッピングペーパー（赤・金）	約300×約350	1	花器用
布A（紺）	約900×約1500	1	背景の布用
布B（黒）	約600×約300	1	台用
風呂敷A	約670×約670	1	ペットボトル用
風呂敷B（リバーシブル）	約570×570	1	風呂敷包み用
折り紙	約150×約150	1	箸袋用
ケント紙（厚口）	約60×約150	1	POP用
エアパッキン	約400×約400	1	花器用
水引（金・白・赤）		各1	花器用
水引飾り		1	背景の布用
ひもA（赤系）	直径約6　長さ約1000	1	背景の布用
ひもB（紺系）	直径約4　長さ約550	1	花器用
ひもC（緑系）	直径約4　長さ約550	1	ナプキン用
3号ピン		8	
5号ピン		6	

2級商品装飾展示（商品装飾展示作業）実技試験使用用具等一覧表

1. 受検者が持参するもの

品名	寸法（単位mm）又は規格	数量	備考
金づち又はピンピッター		1	ピン打ち用
はさみ		1	
巻尺等	2000程度のもの	1	
直定規	300～500程度のもの	1	
両面テープ	幅10～15程度	適宜	
セロハンテープ	幅10～15程度	適宜	
筆ペン	黒	1	POP用
筆記用具		適宜	

注．持参するものは、上記のものに限るが、同一種類のものを予備として持参することは差し支えない。

2. 試験場に準備してあるもの

品名	寸法（単位mm）又は規格等	数量	備考
長机		1	
いす		1	
くずかご		適宜	

平成 29 年度 2 級実技【問題のポイント解説】

　和を表現するには欠かせない「折り」「包み」「結び」を用いた問題です。これらの技法には1つひとつ丁寧な作業が要求されます。問題の指示に従い、各サイズ、配置寸法を確認しながら進めていきましょう。

①段ボール板を固定する時は、ピンが裏や横に出ていないか、隙間がないか、垂直に自立しているか、注意します（本書「ピンナップの基礎知識と技法」参照）。

②布の端を揃え、布目が歪まないように整えます。ピンを打つ場合は、打つ面に対して45度くらいの角度で打ちますが、段ボール板のように柔らかい面に打つ場合は、ピンが表に出ないよう、寝かせるように角度を小さくして打つのがポイントです。ピン先が表に出ないように留めます。

③ラッピングペーパーが厚いので、まっすぐにしっかりと折り目をつけます。

④千両の葉の向きや形を整え、全体のバランスを見て生けます。

⑤布は、シワやたるみが出ないように引っぱり気味にして包みます。角も丁寧に折り込み、両面テープで留めます（本書「装飾展示に必要なパネルの扱い方」参照）。

⑥別図4の手順に従い、折り目をしっかりつけて仕上げます。

⑦布の表裏を確認し、ひだ山の幅が揃うように折ります。山折りが正面になるよう組ひもを結び、配置します。

⑧風呂敷は素材によって滑りやすいものがありますので、中身をしっかり押さえて包むとよいでしょう。

⑨持参用具として筆ペンが記載されているので、事前によく練習しておきましょう。

⑩残ったピンは、忘れずに必ず指示に従いましょう。

中央職業能力開発協会編
平成30年度 技能検定2級 商品装飾展示 実技試験問題

商品装飾展示作業

1. 試験時間

    標準時間　　1時間20分

    打切り時間　1時間40分

2. 注意事項　　省略

3. 課題

「母の日」をテーマに、仕様及び完成図に従い、「母の日ギフト」のショーウィンドウを想定した商品プレゼンテーションを行う。全体が三角形構成になるように商品その他を配置する。ボックスとギフトラッピングは、完成図のように、A、B、C、D、E、Fとする。リボンは、必要な長さに切って使用する。

（※問題文中のアンダーライン部分は「問題のポイント解説」参照）

【仕様】

(1) スペースについて

　　イ．バックパネル（段ボール板A：約1000×約600）は、別図1に従い、ベースパネル（段ボール板B：約600×約400）の後方及び両側を囲むように立て、5号ピン4本で固定する。①

　　ロ．丸棒（直径約9　長さ約750）は、サイドパネル（側面部分）の上部の溝にはめ込む。左右のサイドパネルから出た丸棒の長さを揃える。②

　　ハ．カラーペーパー（約500×約350）は、ベースパネルの手前から30mm、左から50mmの位置に両面テープで留める。

(2) ボックスAについて

別図2に従い、厚紙aを折りボックスに入れ、上げ底を作っておく。ふたをボックスの底に重ねる。

(3) ボックスBについて

ボックスBを組み立て、ラッピングペーパーaでキャラメル包みにし、リボンaを完成図のように一文字に掛け、中央で蝶結びにする。

(4) ギフトラッピングCについて

セロハン袋の中に、紙パッキン③と石けんを入れ、ワイヤーリボンで留めて整える。
(5) ボックスDについて（ふたは使用しない）
　　　別図3に従い、厚紙bに布（サテン）を両面テープでしわにならないように貼り、ボックスに入れる。
(6) ボックスEについて
　　　ボックスEを組み立て、ラッピングペーパーbでキャラメル包みにし、リボンbを十字に掛け、蝶結びにする。
(7) ボックスFについて（ふたは使用しない）
　　イ．薄葉紙1枚をパッキンとしてボックスの中に入れる。
　　ロ．タオルbは、別図4に従い、幅110mmに折った薄葉紙を使用してフォーミングする。4つの山を作り、高さ約120mmに仕上げる。
　　ハ．タオルの前面が約25mm、ボックスから出るようにセットする。
(8) ボックスA、Bについて
　　イ．ボックスBは、ベースパネルの手前から240mm、左から200mmに配置する。
　　ロ．ボックスAは、ボックスBの上に完成図のように45度回転させ、中央に配置する。
　　ハ．チュールをアンビエにし3号ピン1本で留め、ボックスAに入れる。
　　ニ．タオルaを別図5に従い、幅90mmに折った薄葉紙を使用してフォーミングし、幅約110mmに仕上げる。
　　ホ．別図6-①に従い、チューブにテグスを通し、丸棒から100mmの位置に水平に吊る。別図6-②のように、チューブにタオルを掛け、シャツクリップ1本で留める。ボックスAに入れ、たれ約120mm、山約50mmに仕上げる。④
　　ヘ．カーネーション3輪をボックスAに入れ完成図のように全体を整える。
(9) ボックスD、E、FとギフトラッピングCの配置について
　　イ．ボックスDは、ベースパネルの手前から50mm、右から120mmの位置に配置する。マニキュア3本を左から白、ピンクベージュ、ピンクの順に配置し、フェイスを揃え、左右の空きを均等にする。⑤
　　ロ．ボックスEは、ボックスDの上に、手前から10mmの中央に45度回転させ配置する。
　　ハ．ボックスFは、タオルの前面がベースパネルの手前から70mm、左から95mmの位置に配置する。⑥
　　ニ．ギフトラッピングCは、完成図のようにボックスBに立てかけて配置する。
(10) POPについて

ケント紙を2つに折り、サインペンで「Thanks Mom」と書いて、ボックスFの上、中央に配置する。

(11) 残ったピン及びシャツクリップ（曲がったもの、折れたものも含む）は、ピンを刺してあったスチレンボードにセロハンテープで貼り付け、ベースパネルの左端手前に置く。

使用しなかったボックスDとFのふた2個は、ベースパネルの左側に置く。

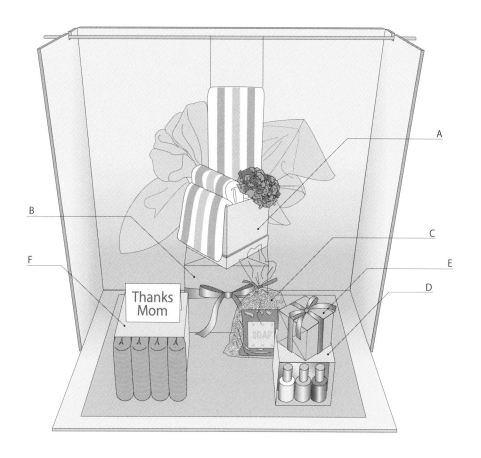

■別図1 （スペースの組み立て）

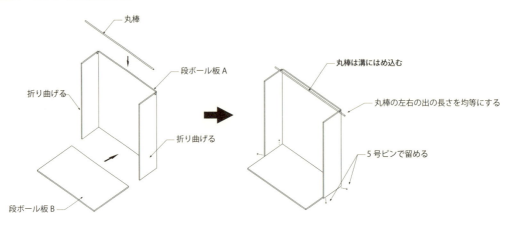

■別図2 （ボックスAについて）

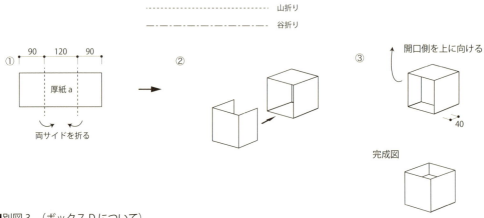

■別図3 （ボックスDについて）

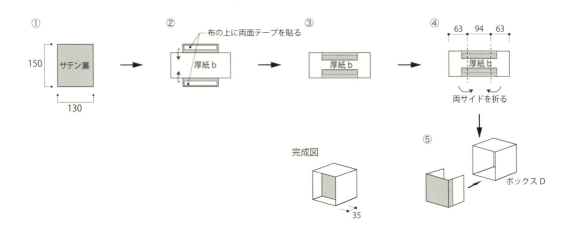

■別図4 (タオルbのたたみ方)

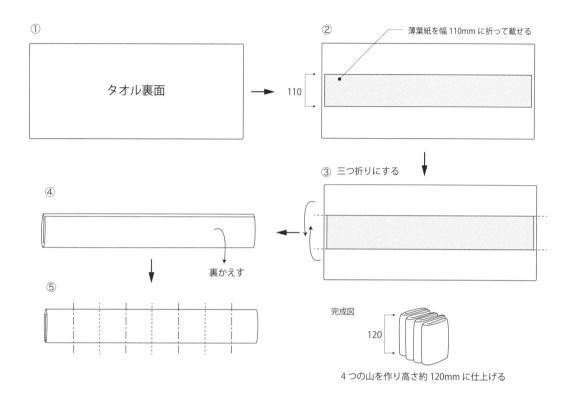

■別図5 (タオルaのたたみ方)

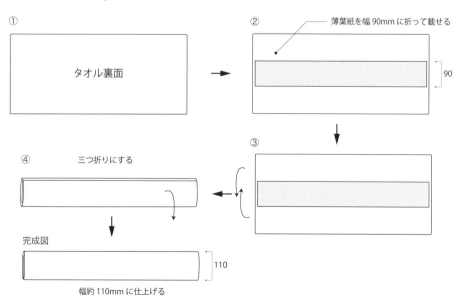

■別図6

①

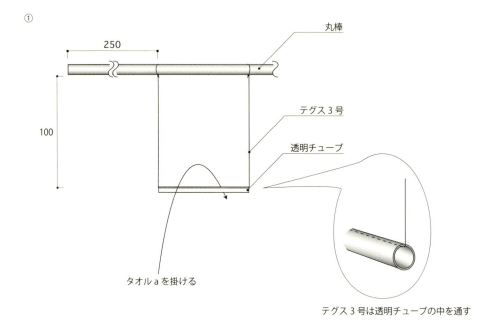

- 丸棒
- テグス3号
- 透明チューブ
- タオルaを掛ける
- テグス3号は透明チューブの中を通す

②

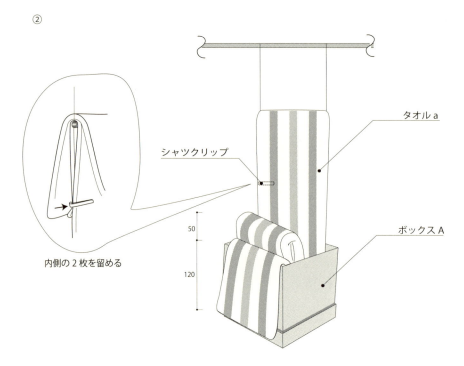

- タオルa
- シャツクリップ
- ボックスA
- 内側の2枚を留める

4. 支給材料

　支給材料は、調達の都合上、やむなく寸法又は規格等が若干変更になる場合があります。

品名		寸法（単位mm）又は規格等	数量	備考
段ボール板A		約1000×約600	1	バックパネル用
段ボール板B		約600×約400	1	ベースパネル用
丸棒		直径約9　長さ約750	1	
カラーペーパー		約500×約350　ピンク	1	ベースパネル用
A	ボックスA	約125×約125×約135　柄あり	1	
	厚紙a	約300×約120	1	
	チュール	約900×約700　ベージュ	1	
	タオルa	約750×約330　ストライプ柄	1	
	カーネーション	長さ約150	3	
	チューブ	直径約5　長さ約80　透明ビニール製	1	
	薄葉紙	半切りサイズ（約788×約545）	1	
B	ボックスB	約165×約105×約165　白　組立て式	1	
	リボンa	幅約20　長さ約1800	1	
	ラッピングペーパーa	約600×約300　ピンク（不織布）	1	
C	セロハン袋	幅約150　長さ約250	1	
	ワイヤーリボン	幅約4　長さ約120	1	
	紙パッキン	ピンク	1袋	
	石けん	約90×約110　袋入り	1	
D	ボックスD	約100×約100×約105　柄あり	1	
	マニキュア	直径約28　高さ約70　白、ピンクベージュ、ピンク	各1	
	厚紙b	約220×約95	1	
	布（サテン）	約150×約130　ベージュ	1	
E	ボックスE	約70×約70×約70　白　組立て式	1	
	リボンb	幅約12　長さ約1000　ピンク	1	
	ラッピングペーパーb	約300×約160　ピンク系柄あり	1	
F	ボックスF	約125×約125×約135　柄あり	1	
	タオルb	約870×約350　ピンク	1	
	薄葉紙	半切りサイズ（約788×約545）	2	フォーミング用、パッキン用
ケント紙		約100×約140	1	POP用
シャツクリップ		プラスチック製	3	
5号ピン			6	
3号ピン			2	

2級商品装飾展示（商品装飾展示作業）実技試験使用用具等一覧表

1. 受検者が持参するもの

品名	寸法（単位mm）又は規格等	数量	備考
テグス3号	適宜	1	
金づち又はピンピッター		1	ピン打ち用

はさみ		1	
巻尺等	2000程度のもの	1	
直定規	300〜500程度のもの	1	
両面テープ	幅10〜15程度	適宜	
セロハンテープ	幅10〜15程度	適宜	
サインペン	6色程度	適宜	POP用
筆記用具		適宜	

注．持参するものは、上記のものに限るが、同一種類のものを予備として持参することは差し支えない。

2. 試験場に準備してあるもの

品名	寸法（単位mm）又は規格等	数量	備考
長机		1	
いす		1	
くずかご		適宜	

平成30年度 2級実技【問題のポイント解説】

　この課題は、タオルのフォーミングがそれぞれ美しく仕上がっていることがポイントになります。別図に従い、丁寧に作業を進めます。仕上がりは、完成図のように、ボックスA、B、ラッピングCとボックスD、EとボックスF、メッセージカードの3つのグループで三角形構成ができていることがポイントです。

①段ボール板を固定する時は、ピンが裏や横に出ていないか、隙間がないか、垂直に自立しているか、注意します（本書「ピンナップの基礎知識と技法」参照）。

②サイドパネルから出た丸棒の長さは、揃えるよう指示されています。作業時に動くことも考えられますので、そのつど確認が必要です。

③ラッピングCの紙パッキンは、十分ほぐしてから使います。

④ボックスAに入れるストライプタオルは、チューブに掛け、正面を向くようにまっすぐおろします。チュールはアンビエにし、広がりや華やかさを表現します。

⑤ボックスDの中のマニキュア3本は、正面を向けます。

⑥ボックスFの中のタオルは、4冊の本が並んでいるようなイメージに仕上げるのがコツです。

　今回、ボックスAでタオルを掛けるために使用したチューブは現在、VMDの現場で使われています。商品保護（特に皮革類）、滑り止め、固定等で使用しますが、その際にはほとんどテグスと併用します。展示する商品にふさわしいチューブの素材や太さ、テグスの号数など、適切なものを選んで使用することが重要です。

中央職業能力開発協会編
平成27年度 技能検定1級 商品装飾展示 実技試験問題

商品装飾展示作業
　次の注意事項に従って、課題1及び課題2を行いなさい。

1. 試験問題
　　課題1　　イメージスケッチ（一点透視図）の作成　　　1時間40分
　　課題2　　ビジュアルプレゼンテーション　標準時間　　1時間30分
　　　　　　　　　　　　　　　　　　　　　　打切り時間　1時間50分

2. 注意事項
（1）支給されたイメージスケッチ（一点透視図）作成用紙には、受験番号及び氏名を必ず記入すること。
（2）支給された材料の品名、数量等が、「4.支給材料」に示す通りであることを確認すること。
（3）支給された材料に異常がある場合は、申し出ること。
（4）試験開始後は、原則として、支給材料の再支給をしない。
（5）使用用具等は、「使用用具一覧表」で指定した以外のものは使用しないこと。
（6）試験中は、用具の貸し借りを禁止する。
（7）課題1及び課題2の実施順序は、指定されたとおりに行うこと。
（8）課題1で作成したイメージスケッチは、支給されたクリアケースに収め、課題2の作業で使用すること。ただし、作成したイメージスケッチを変更してはいけない。
（9）イメージスケッチの作成において、ラフプランを立てる必要のある場合には、ラフプラン用紙を使用すること。
（10）作業は、技能検定委員の合図により開始すること。
（11）標準時間を超えて作業を行った場合には、超過時間に応じて減点される。
（12）打切り時間の合図があった場合には、直ちに作業をやめ、技能検定委員の指示に従うこと。
（13）提出作品への受検番号の付け方は、指示されたとおりにすること。
（14）試験中の私語は、禁止する。
（15）作業時の服装等は、作業に適したものであること。
（16）試験中は、携帯電話（電卓機能の使用を含む。）等の使用を禁止とする。
（17）機器操作、工具・材料の取扱い等について、そのまま継続すると機器・設備等の破損や怪我を招くおそれがある危険な行為であると技能検定委員が判断した場合、試験中にその旨を注

意することがある。

さらに、当該注意を受けてもなお、危険な行為を続けた場合は、試験を中断し、技能検定委員全員が試験継続不可と判断した場合は、失格とする。

ただし、緊急性を伴うと判断された場合は、注意を挟まず、即中止(失格)とすることがある。

3. 課題1　イメージスケッチ＜一点透視図＞の作成

「ビューティ＆ヘルシー」をテーマに、仕様に従い、ホワイトデーギフトプラザのVPを想定したビジュアルプレゼンテーションをプランし、イメージスケッチ（一点透視図）を作成する。

イメージスケッチは、黒ペンで輪郭を描き、色鉛筆で彩色して完成とする。

支給材料は、手に取って採寸したり、タオルなど参考程度に形作ったりしてもよい。

（※問題文中のアンダーライン部分は「問題のポイント解説」参照）

【仕様】

（1）スペースについて

段ボール板A（約840×約250）3枚及び段ボール板B（約720×約250）3枚は、別図1に従い、4つのグリッドになるように組み立てる。グリッドポジションは図のようにA、B、C、Dとする。①

（2）各々のグリッドについて

Aのグリッドについて

イ．使用商品

・エキスパンダー：1　・手袋：1

ロ．イの商品を使用し、シンメトリー構成になるようにデザインする。②

ハ．エキスパンダーをテグスで吊り、グリッドの中央の位置に固定する。

ニ．手袋は、模造紙でパディングし、エキスパンダーのグリップ部分を握っているようにフォーミングし③、シルクピン8本以内を使用して固定する。④

Bのグリッドについて

イ．使用商品

・ノート：1　・ボトル（大）：1

ロ．イの商品及びギフトボックスを使用し三角形構成になるようにデザインする。

ハ．ノートは、ブックスタンドを使用し任意に配置する。ブックスタンドは両面テープで固定する。

ニ．ボトル（大）は、ラッピングペーパー（大）で巻き、任意に配置する。

ホ．ギフトボックス（約 80 ×約 80 ×約 80）は組み立て、ラッピングペーパー（約 350 ×約 180）で合わせ包みにし、⑤リボンを十字に掛け、蝶結びにする。出来上がったギフトボックスは、任意に配置する。

Cのグリッドについて

イ．使用商品
　　・ボトル（大）：2　・ボトル（小）：2　・タオル：2

ロ．イの商品を使用しリピート構成になるようにデザインする。

ハ．各々のボトル（大、小）は、ラッピングペーパー（大、小）で巻き任意に配置する。

ニ．タオル 2 枚は、別図 2 に従い、ミニキャンドル風にたたみ、リボンで蝶結びにし、配置する。
　　リボンは、全て表面が出るようにして蝶結びにする。

Dのグリッドについて⑥

イ．使用商品
　　・ボトルカバー：1　・バンダナ：1　・サングラス：1

ロ．イの商品を使用し、放射状構成になるようにデザインする。フライング及びピンナップに使用するピンは、シルクピンと 3 号ピン合せて 10 本以内とする。

ハ．ボトルカバーはケント紙（約 130 ×約 300）でパディングし、任意の位置に 3 号ピン 2 本で固定する。

ニ．バンダナはアンビエを作りボトルカバーに差し込む。その位置を中心とし、フライング及びピンナップなどでアレンジし、放射状構成の一部になるようにする。

ホ．サングラスは適切な位置に配置する。

（3）POP について⑦

ケント紙（約 100 ×約 120）を半分に折り自立させ「ホワイトデーギフト」と書き、任意のグリッド内の適切な位置に配置する。書体及び色は自由とする。

■別図1 （段ボール板の組み立て）

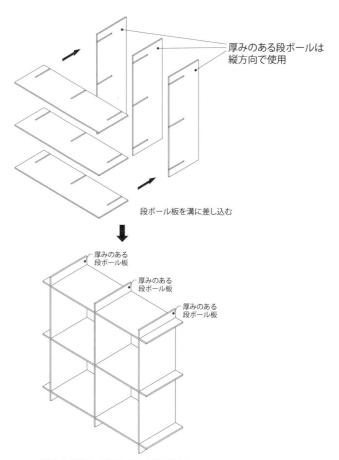

厚みのある段ボールは縦方向で使用

段ボール板を溝に差し込む

厚みのある段ボール板

前面、背面が均一面になっているか確認する

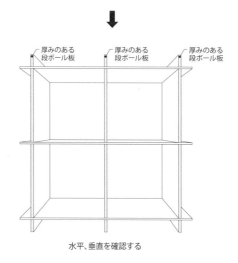

厚みのある段ボール板

水平、垂直を確認する

154

■別図2 (ミニキャンドル風)

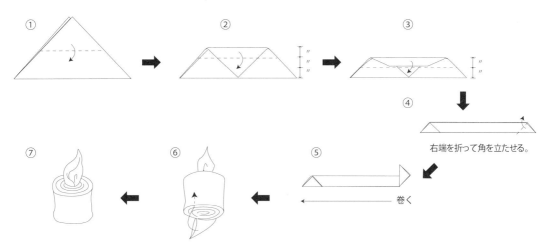

巻き終わりは底の渦巻きの中に差し込む。

●グリッドポジション

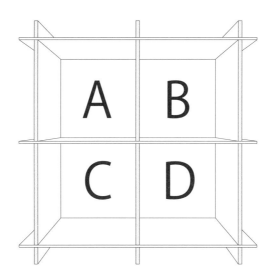

4. 課題2　ビジュアルプレゼンテーション

課題1で作成したイメージスケッチに従い、支給材料と持参用具を用いてビジュアルプレゼンテーションを行う。支給されたラッピングペーパー、リボンは仕様に従い必要寸法に切って使用すること。

ピンの使用法について：テグスの吊元などには3号ピン、商品にはシルクピンを使用すること。

【仕様】

課題1の（1）～（3）に従い、グリッド内にビジュアルプレゼンテーションを構成し完成させること。残ったピン（曲がったピンを含む）は、すべてピンを刺してあったスチレンボードにセロハンテープで貼り付け、グリッドの前に置く。

※なお、約○○mmは、○○mm±5mm以内とする。

5. 支給材料

支給材料は、調達の都合上、やむなく寸法又は規格等が若干変更になる場合があります。

課題番号		品名	寸法（単位mm）又は規格等	数量	備考
1		クリアケース	A3	1	イメージスケッチ収納用
2		段ボール板A	約840×約250	3	グリッド用　縦
		段ボール板B	約720×約250	3	グリッド用　横
	A	エキスパンダー		1	
		手袋（茶）		1	
		模造紙		1	パディング用
	B	ノート（ブルー）	約250×約180	1	
		ボトル（大）	直径約55　高さ約185	1	
		ブックスタンド（ピンク）	約110×130×約60	1	
		ギフトボックス	約80×約80×約80	1	
		ラッピングペーパー（大：ブルー）	約190×約130	1	ボトル（大）用
		ラッピングペーパー（ブルー）	約350×約180	1	ギフト用
	C	ボトル（大）	直径約55　高さ約185	2	
		ボトル（小）	直径約45　高さ約145	2	
		タオル（ベージュ）	約300×約300	2	
		ラッピングペーパー（大：ブルー）	約190×約130	2	ボトル（大）用
		ラッピングペーパー（小：ブルー）	約150×約75	2	ボトル（小）用
	D	ボトルカバー（黒）		1	
		バンダナ（オレンジ）		1	

	サングラス		1	
	ケント紙	約130×約300	1	パディング用
	リボン（白：文字入り）	幅約9　長さ約2,500	1	ギフト、ミニキャンドル用
	3号ピン		10	
	シルクピン		20	
	ケント紙	約100×120	1	POP用

1級商品装飾展示（商品装飾展示作業）実技試験使用用具等一覧表

1．受検者が持参するもの

（1）課題1用

品名	寸法（単位mm）又は規格等	数量	備考
鉛筆		必要数	筆記・スケッチに適するもの
消しゴム		1	
鉛筆削り		1	
黒ペン		必要数	イメージスケッチ輪郭用
色鉛筆	24色程度	1	イメージスケッチ彩色用 課題2にも使用
直定規	300〜500程度のもの	1	課題2にも使用
巻尺等	2000程度のもの	1	課題2にも使用
三角スケール		1	

（2）課題2用

品名	寸法（単位mm）又は規格等	数量	備考
金づち又はピンピッター		1	ピン打ち用
はさみ		1	
ピンクッション		1	
テグス	3号、長さ5000程度	1巻	
直定規	300〜500程度のもの	1	
巻尺等	2000程度のもの	1	
セロハンテープ	幅10〜15程度	適宜	必要に応じて
両面テープ	幅10〜15程度	適宜	必要に応じて
色鉛筆又はマーカー	6色程度	適宜	POP用
筆記用具		適宜	

注．持参するものは、上記のものに限るが、同一種類のものを予備として持参することは差し支えない。

2．試験場に準備してあるもの

品名	寸法（単位mm）又は規格等	数量	備考
長机		1	
いす		1	
くずかご		適宜	

平成 27 年度 1 級実技試験 課題 1 参考作品

描き方のポイント
(本書「一点透視図の描き方」参照)

- アイテム数が多いので、ラフスケッチの前にそれぞれの商品の姿図とサイズをメモしておきましょう。
- 形の決まっているモノは指定のサイズに注意して透視図法で描くようにしますが、Aのグリッドのようにエキスパンダーと手袋等の場合は、条件をよく読み、このグリッド内にシンメトリーにうまく収まるように描く必要があります。
- BとCのグリッドの商品は形が決まっていて、サイズも分かっています。この場合は、段ボールの枠を基準として、それぞれの幅や高さの寸法を記して、すべて消点と結び、赤の▶手順で商品の透視図を描きます。この時に注意することは、Bのグリッドは消点(視点)より上にあり、Cのグリッドの商品は消点(視点)より下にあるということです。ボトルやギフトの見え方に注意しましょう。
- Dのグリッドは放射状構成で仕上げるという指示ですから、ボトルカバーを中心にバンダナサングラス等が枠内の空間に放射状に展開している状態を描きます。特に透視図法は使わなくても描写力で仕上げましょう。

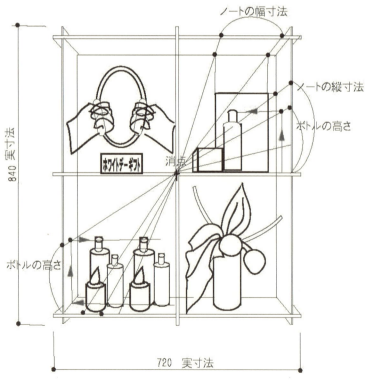

平成 27 年度 1 級実技【問題のポイント解説】

　4つのグリッドで、それぞれ違った構成でのプレゼンテーションが要求されています。各々の特徴、違いを理解することが大切です。各グリッド内では、フライング、パディング、ピンナップなど、1級に必要とされるスキルや多くの表現方法を身につけておきましょう。

①グリッド本体が歪んでいては、展示全体が美しく見えません。別図1の指示にあるように、縦と横では段ボールの厚みが違うこと、切り込みに隙間が残らないようにしっかり組み込むことなどに注意し、正しく水平垂直に組み立てます。

②シンメトリー構成、三角形構成、リピート構成、放射状構成の各々の特徴、違いを確認しておきます（本書「商品装飾展示におけるデザイン」参照）。

③「握っているように」という動作のフォーミングです。シンメトリー構成を意識し、自分の手でエキスパンダーのグリップを握ってみて形を確認しながら作業します。模造紙でのパディングは、入れすぎると形を作りにくくなりますので、適量を考えます（本書「アイテム別のフォーミングの基礎技法」参照）。

④段ボール板にピンを打つ際は、ピンの先が段ボール板から突き出ないようにピンを斜めにして打ちます（本書「ピンナップの基礎知識と技法」参照）。

⑤合わせ包みは、折り目をしっかりつけてシャープに仕上げます（本書「ラッピングの基礎知識と技法」参照）。

⑥放射状構成にするには、アンビエの仕上がりのボリュームが大切です。フライングやピンナップにより、立体的な放射状構成にします。フライングに使用したテグスを結んだ後は適切な長さに切っておきます（本書「ピンワークの基礎知識と技法」参照）。

⑦POPの文字は、バランスの良い大きさや読みやすさを意識して書きます。

中央職業能力開発協会編

平成28年度 技能検定1級 商品装飾展示 実技試験問題

商品装飾展示作業
　次の注意事項に従って、課題1及び課題2を行いなさい。

1. 試験時間
　　課題1　イメージスケッチ（一点透視図）の作成　　1時間40分
　　課題2　ビジュアルプレゼンテーション　標準時間　1時間30分
　　　　　　　　　　　　　　　　　　　　打切り時間　1時間50分

2. 注意事項　省略

3. 課題1　イメージスケッチ＜一点透視図＞の作成

　「サマーキャンプ」をテーマに、仕様に従いトドラー売場のVPを想定したビジュアルプレゼンテーションをプランし、イメージスケッチ（一点透視図）を作成する。

　サマーキャンプで元気にブランコを漕ぐ女の子をメインにし、吊り下げたロープや、ゲーム大会のプレゼントを盛ったバスケットなどで全体を三角形構成に配置する。ブランコは躍動感を表現するように吊る。

　イメージスケッチは、黒ペンで輪郭を描き、色鉛筆で彩色して完成とする。

　支給材料は、手に取って採寸したり、ロープなど参考程度に形作ったりしてもよい。

　　　　　　　　　　　（※問題文中のアンダーライン部分は「問題のポイント解説」参照）

【仕様】
（1）スペースの組み立てについて
　　イ．段ボール板A（約1200×約700）は、両端を折りコの字形にし、段ボール板B（約750×約450）の後方及び両側を囲むように立て、5号ピン4本でベースパネルに固定する。①
　　ロ．丸棒（直径約9×長さ約900）3本は、バックパネル（側面部分）の上部の溝にはめ込み、ロープやテグスの吊り元とする。左右のサイドパネルから出た丸棒の長さは揃える。
（2）ブランコについて
　　イ．ロープを任意の長さに2本切り②、別図1に従い段ボール板C（約270×約110）を用いてブランコを組み立てる（ロープの切り口はセロハンテープで処理しておく）。
　　ロ．ブランコは、ロープ2本の上部を任意の位置で丸棒に結び、フライングして、大きな動

きを表現する。使用するテグスは4本以内、3号ピンは9本以内とする。③

(3) TシャツA（長袖）、ボトム及びソックスのフォーミングについて④

　　イ．TシャツAはハンガーに掛け、別図2を参考に両袖に薄葉紙を入れ、パディングする。

　　ロ．ボトムは、別図3を参考に薄葉紙及び必要に応じてケント紙を使用してパディングし、ソックスをはかせる。ボトムをボトムハンガーに取り付け、形を整える。

　　ハ．イのTシャツハンガーと、ロのボトムハンガーにテグスを使用し、吊り下げ、バランスよく合体させる。

　　ニ．ハをブランコに座らせテグスで丸棒から吊り下げる。ボトムは、ブランコの座面にシルクピン2本を使用し固定する。

　　ホ．Tシャツの腕はブランコのロープを握っているようにフォーミングし、必要に応じてテグスは3本以内、シルクピンは3本以内、3号ピンは3本以内を使用してもよい。また足は元気よくブランコを漕いでいるようにフォーミングし、表情をつける。⑤

(4) 吊り下げたロープについて

　　イ．ロープは任意の長さに切り、丸棒に結んで垂らす。ロープの切り口はセロハンテープで処理しておく。

　　ロ．ロープの任意の位置3カ所に結び目を作り、ベースパネルに3号ピン1本で固定する。その際、全体が三角形構成になる位置で固定する。余ったロープはアレンジする。

(5) ギフトラッピングとバスケットについて⑥

　　イ．ポーチはセロハンでキャンディ包みにし、ラッピングの両端はリボンで蝶結びにする。

　　ロ．TシャツB（半袖）は、出来上がり幅160にたたみ、裾から丸めて筒状にし、ネックラインを見せ、リボンを掛け、蝶結びにする。

　　ハ．ギフトボックスは、ラッピングペーパーで合わせ包みにし、リボンを十字に掛け、蝶結びにする。

　　ニ．イ、ロ、ハをバスケットに盛り、ベースパネル上の適切な位置に配置する。

(6) POPについて⑦

　　POPは、カラーペーパーフラッグ（約170×約270）に「Summer Camp」と書き、吊り下げたロープに巻き、フラッグの裏側にセロハンテープを貼って留め付ける。文字の書体及び色は自由とする。

4. 課題2　ビジュアルプレゼンテーション

　　課題1で作成したイメージスケッチ（一点透視図）及び仕様に従い、支給材料と持参用具を

■別図1

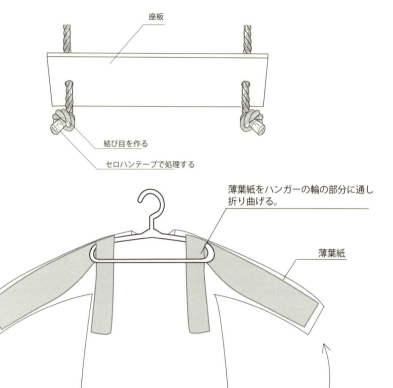

■別図2

用い、フライング、フォーミング、ラッピング等のテクニックを用いてビジュアルプレゼンテーションを行う。支給されたロープ、ラッピングペーパー、リボンは仕様に従い必要寸法に切って使用すること。ピンの使用法について：テグスの吊元などには3号ピンを使用すること。

【仕様】

課題1の（1）～（6）に従い、スペース内にビジュアルプレゼンテーションを構成し完成させること。残ったピン（曲がったピンを含む）は、すべてピンを刺してあったスチレンボードにセロハンテープで貼り付け、ベースパネルの左端手前に置く。

※なお、約○○mmは、○○mm±5mm以内とする。

■別図3

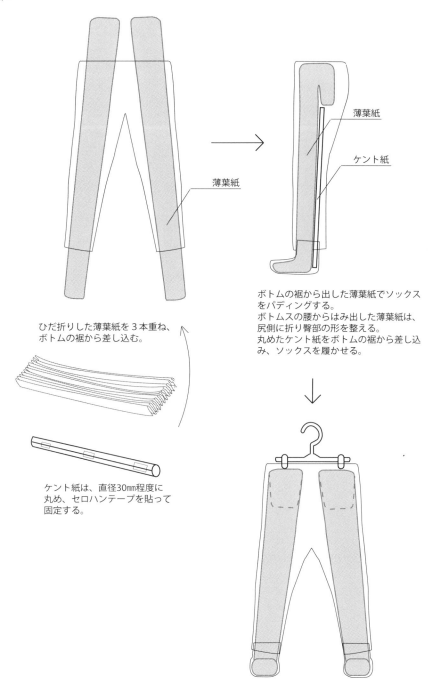

薄葉紙

ひだ折りした薄葉紙を3本重ね、ボトムの裾から差し込む。

ケント紙は、直径30mm程度に丸め、セロハンテープを貼って固定する。

薄葉紙
ケント紙

ボトムの裾から出した薄葉紙でソックスをパディングする。
ボトムスの腰からはみ出した薄葉紙は、尻側に折り臀部の形を整える。
丸めたケント紙をボトムの裾から差し込み、ソックスを履かせる。

163

5. 支給材料

支給材料は、調達の都合上、やむなく寸法又は規格等が若干変更になる場合があります。

課題番号	品名	寸法（単位mm）又は規格等	数量	備考
1	クリアケース	A3	1	イメージスケッチ収納用
2	段ボール板A	約1200×約700	1	バックパネル用
	段ボール板B	約750×約450	1	ベースパネル用
	段ボール板C	約270×約110	1	ブランコ用
	丸棒	直径約9　長さ約900	3	
	ロープ	幅約9　長さ約3000	1	綿
	TシャツA	長袖　女児用　サイズ80	1	コーディネイト用
	TシャツB	半袖　女児用　サイズ80	1	ギフト用
	ボトム	サイズ80	1	
	ソックス		1	
	ハンガー		1	プラスチック製
	ボトムハンガー		1	
	バスケット		1	
	ギフトボックス	約60×約60×約60	1	
	ポーチ		1	
	リボンA（イエロー）	幅約10　長さ約1000	1	
	リボンB（オレンジ）	幅約10　長さ約1000	1	
	リボンC（ブルー）	幅約10　長さ約1000	1	
	ラッピングペーパー	約260×約140	1	
	セロハン	約300×約250	1	
	カラーペーパー	約170×約270	1	POP用フラッグ 二等辺三角形
	薄葉紙	約790×540	10	パディング用
	ケント紙	約210×約300	2	パディング補強用
	シルクピン		8	
	3号ピン		15	
	5号ピン		6	

1級商品装飾展示（商品装飾展示作業）実技試験使用用具等一覧表

1.受検者が持参するもの

（1）課題1

品名	寸法（単位mm）又は規格等	数量	備考
鉛筆		必要数	筆記・スケッチに適するもの
消しゴム		1	
鉛筆削り		1	
黒ペン		必要数	イメージスケッチ輪郭用
色鉛筆	24色程度	1	イメージスケッチ彩色用 課題2にも使用
直定規	300〜500程度のもの	1	課題2にも使用
巻尺等	2000程度のもの	1	課題2にも使用
三角スケール		1	

（2）課題2用

品名	寸法（単位mm）又は規格等	数量	備考
金づち又はピンピッター		1	ピン打ち用
はさみ		1	
ピンクッション		1	
テグス	3号、長さ5000程度	1巻	
直定規	300〜500程度のもの	1	
巻尺等	2000程度のもの	1	
セロハンテープ	幅10〜15程度	適宜	必要に応じて
両面テープ	幅10〜15程度	適宜	必要に応じて
色鉛筆又はマーカー	6色程度	適宜	POP用
筆記用具		適宜	

注．持参するものは、上記のものに限るが、同一種類のものを予備として持参することは差し支えない。

2．試験場に準備してあるもの

品名	寸法（単位mm）又は規格等	数量	備考
長机		1	
いす		1	
くずかご		適宜	

平成28年度 1級実技試験 課題1 参考作品

描き方のポイント
(本書「一点透視図の描き方」参照)

- 全体構成が三角形構成という課題なので、ロープによるブランコの方向等に注意します。丸棒にロープを結び、ブランコの座面をベースのほぼ中央(ベース4隅を線で結んだ交点)あたりに吊る。支給される座面板の寸法より少し小さめにイメージして描きます。座面板の高さは視点(消点)の高さより下の位置にします(この場合、透視図で描くより手描きのほうが早い)。
- バスケットは、ベース手前から150mmに配置した場合、バスケットの高さを実測し、バスケットを直方体の立体として作図していきます。作図上の外枠に高さの点(A点)を記す。A点と消点を結びます。
- バスケットの手前位置からベース端線までの水平線の交点Bから垂直線を上げ、A点からのパース線との交点Cがこのスケッチの中でのバスケットの透視図的な高さになります(赤の▶順)。
- バスケットに入れる商品を描き込む前に、バスケットの開き口を描くためバスケットの底からB点同様にベース端線との交点D点を決め、垂直に立ち上げて、パース線との交点E点を決めます。その高さをバスケット位置まで平行移動し、バスケット全体の立体図とします。

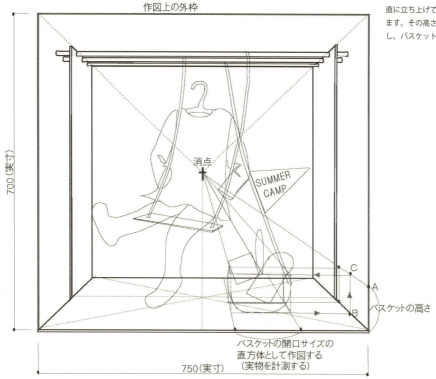

平成28年度 1級実技【問題のポイント解説】

　この課題は元気にブランコを漕ぐ女の子をメインにした「サマーキャンプ」がテーマで、全体を三角形構成に仕上げることが重要です。
　仕様にあるパディングは、さまざまな商品を立体的に表現するうえで必要なテクニックです（本書「パディングの技法」参照）。

①段ボール板A、Bを固定する時は、ピンが裏や横に出ないように注意して打ちます。隙間がないか、垂直に自立しているかを確認します（本書「ピンナップの基礎知識と技法」参照）。
②ロープは、セロハンテープできつめに巻いてから切ります。
③ブランコを躍動感のあるようにフライングするためには、手前の丸棒からテグスを取るのがポイントです。この時、ロープが不自然にたるまないように注意します。
④Tシャツ、ボトム、ソックス、それぞれを別図2、3の指示のようにパディングします。薄葉紙は、表面に響かないように整えます。
⑤フライングによって元気な女の子を表現するには、ブランコを漕いでいる時の足の動きをイメージしてフォーミングします（本書「フライングの方法」参照）。
⑥それぞれのアイテムは指示どおりに仕上げ、バランス良くバスケットの中に入れます。
⑦POPの文字は、バランスの良い大きさや読みやすさを意識して書き、三角形構成を崩さないように適切な位置に付けます。

中央職業能力開発協会編
平成29年度 技能検定1級 商品装飾展示 実技試験問題

商品装飾展示作業
次の注意事項に従って、課題1及び課題2を行いなさい。

1. 試験時間
　　課題1　イメージスケッチ（一点透視図）の作成　　　1時間40分
　　課題2　ビジュアルプレゼンテーション　標準時間　1時間30分
　　　　　　　　　　　　　　　　　　　　　打切り時間　1時間50分

2. 注意事項　省略

3. 課題1　イメージスケッチ＜一点透視図＞の作成

「夏のおもてなし」をテーマに、仕様に従い、食器売場のVPスペースを想定したビジュアルプレゼンテーションをプランし、イメージスケッチ（一点透視図）を作成する。

　条件として、次の3項目を設定する。
　イ．木製のライザー2台を効果的に使用し、全体が三角形構成になるように商品その他を配置する。
　ロ．食器類（グラス、酒器、小皿、小鉢）及び割箸とナプキンのセットについては、それぞれ2個を一組にして配置する。
　ハ．麻布（白）は、丸棒2本に絡め、フライングして涼しげな風のイメージを演出する。

　イメージスケッチは、黒ペンで輪郭を描き、色鉛筆で彩色して完成とする。
　支給材料は、手に取って採寸したり、参考程度に形作ったりしてもよい。

　　　　　　　　（※問題文中のアンダーライン部分は「問題のポイント解説」参照）

【仕様】
（1）スペースの組み立てについて
　　イ．段ボール板A（約1200×約700）は、両側を折りコの字形にし、段ボール板B（約750×約450）の後方及び両側を囲むように立て、5号ピン4本でベースパネルに固定する。①
　　ロ．丸棒（直径約9　長さ約900）2本は、サイドパネル（側面部分）上部の溝の任意の位置にはめ込み、布を絡めたり、テグスの吊元などとして使用する。左右のサイドパネルから出た丸棒の長さは均等に揃える。

（2）バックパネルとベースパネルの仕上げについて
  イ．手ぬぐい（約340×約900）は、任意の幅に仕上げ、バックパネルの上端に3号ピン2本で留めて、垂直にたらし、ベースパネルに3号ピン2本で留める。②残りの部分はベースパネル上に流す。なお、手ぬぐいは、全体の構成を考えてバランスの良い寸法に仕上げ、最適な位置に配置する。
  ロ．和紙A（紺：約650×約450）は、ベースパネルの両端からそれぞれ50mmの位置に配置し、両面テープで四隅を固定する。
（3）木製のライザー2台は、展示スペース内にバランス良く配置する。③
（4）食器類（グラス、酒器、小皿、小鉢）および仕様（5）〜（7）で作成する箸袋セットと竹ざる、ボトル、西瓜包み、花器は、全体が三角形構成になるように配置する。④
（5）箸袋、ナプキンと竹ざるについて
  イ．和紙B（青：約295×約110）と和紙C（白：約300×約115）を重ね、別図1に従い箸袋を2組作り、割箸を収める。⑤
  ロ．ナプキン（白）2枚は、別図2に従いそれぞれたたむ。
  ハ．畳んだナプキンの上にイの箸袋を載せ、紙ひもを箸袋の中央に巻いて蝶結びにしたものを2組作り、竹ざるに載せる。
（6）ボトルとボールについて
  イ．別図3に従い、和紙D（青：約400×約120）と和紙E（白：約400×約140）を重ね、ひだを折って帯を作る。帯が中央にくるようにしてボトルを包み、帯の上に組ひもを巻き、かた結びに結んで仕上げる。⑥
  ロ．ボールは、別図4に従い、布巾（約340×約440）で西瓜包みに包み、シリコンリングの上に置いて安定させる。
（7）笹と花器について
  イ．竹筒の中に薄葉紙を詰めて上げ底にし、花器とする。
  ロ．笹の枝は、花器にバランス良く生ける。⑦
（8）和紙F（白：約50×約110）に筆ペンで「夏のおもてなし」と書き、うちわの中央に両面テープで貼る。うちわは、バランスの良い位置で、テグス2本以内を使用しフライングする。
（9）麻布（白）は、丸棒2本に絡め、フライングして、涼しげな風が吹き抜けているような軽やかなイメージを表現する。⑧ 使用する3号ピンは8本以内とし、最低2ヵ所フライングすること。

■別図1 (箸袋の作り方)

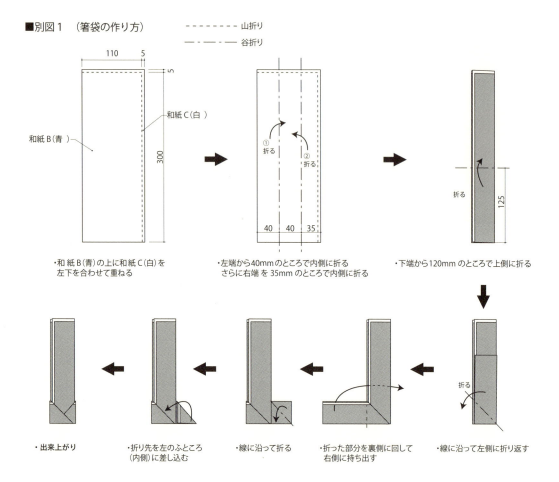

■別図2 (ナプキンのたたみ方)

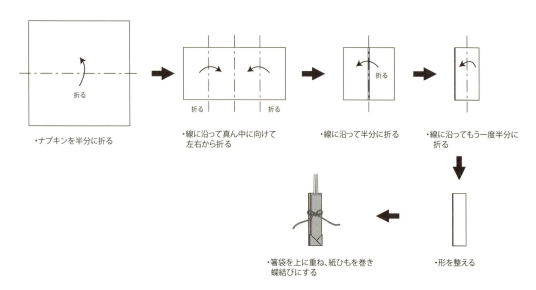

■別図3 （ボトルの包み方）

- - - - - - - 山折り
- ・ - ・ - 谷折り

・和紙E（白）の上に和紙D（青）を上下の余白が均等になるように重ねる
　表から見えないように、両面テープで貼ってずれないように固定する
　できたら、裏返しにする

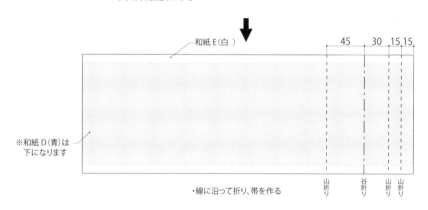

・線に沿って折り、帯を作る

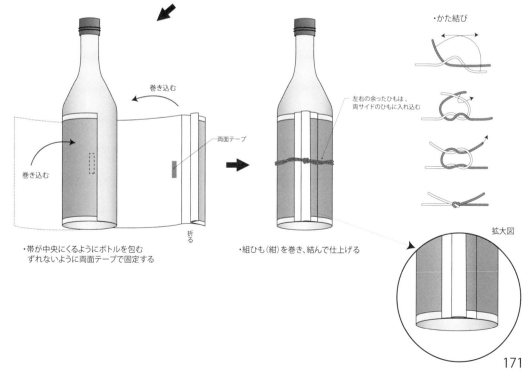

・帯が中央にくるようにボトルを包む
　ずれないように両面テープで固定する

・組ひも（紺）を巻き、結んで仕上げる

171

■別図4 (西瓜包み)

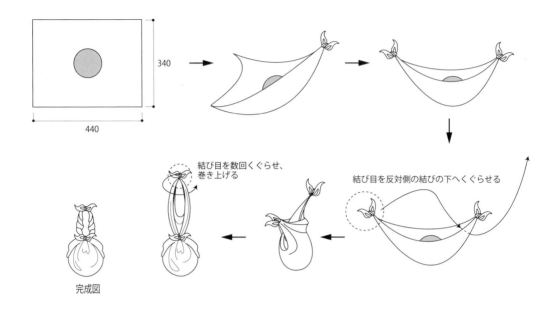

完成図

4. 課題2 ビジュアルプレゼンテーション

　課題1で作成したイメージスケッチ（一点透視図）及び仕様に従い、支給材料と持参要具を用いてビジュアルプレゼンテーションを行う。

ピンの使用法について：テグスの吊り元などには3号ピンを使用すること。

【仕様】

　課題1の（1）～（9）に従い、スペース内にビジュアルプレゼンテーションを構成し完成させること。残ったピン（曲がったピンを含む）は、すべてピンを刺してあったスチレンボードにセロハンテープで貼り付け、ベースパネル左端手前に置く。

5. 支給材料

支給材料は、調達の都合上、やむなく寸法又は規格等が若干変更になる場合があります。

課題番号	品名	寸法（単位mm）又は規格等	数量	備考
1	クリアケース	A3	1	イメージスケッチ収納用
2	段ボール板A	約1200×約700	1	バックパネル用
	段ボール板B	約750×約450	1	ベースパネル用
	丸棒	直径約9　長さ約900	2	
	ライザー（コの字型）	約300×約120×約100	2	木製
	小皿（白）	直径約120	2	樹脂製
	小鉢（透明）	直径約80　高さ約55	2	樹脂製
	グラス	高さ約225	2	
	酒器（竹風）	直径約47　高さ約45	2	樹脂製
	竹ざる	直径約230	1	
	割箸	長さ約210	2	
	ボトル	750mlサイズ	1	日本酒ペットボトル
	うちわ	約370（高さ）	1	
	竹筒	直径約55　高さ約260	1	花器
	笹		2	
	ボール	直径約100	1	西瓜包み用
	手ぬぐい	約340×約900	1	壁面ピンナップ用
	布巾（青）	約340×約440	1	西瓜包み用
	ナプキン（白）	約370×約370	2	ナプキン用
	麻布（白）	約250×約2000	1	ピンワーク用
	和紙A（紺）	約650×約450	1	ベースパネル用
	和紙B（青）	約295×約110	2	箸袋用
	和紙C（白）	約300×約115	2	箸袋用
	和紙D（青）	約400×約120	1	ボトル用
	和紙E（白）	約400×約140	1	ボトル用
	和紙F（白）	約50×約110	1	POP用
	薄葉紙		1	

シリコンリング	約35〜40	1	西瓜包み用
組みひも（紺）	長さ約600	1	ボトル用
紙ひも（紺）	長さ約900	1	箸袋用
3号ピン		18	
5号ピン		6	

1級商品装飾展示（商品装飾展示作業）実技試験使用用具等一覧表

1. 受検者が持参するもの

(1) 課題1用

品名	寸法（単位mm）又は規格等	数量	備考
鉛筆		必要数	筆記・スケッチに適するもの
消しゴム		1	
鉛筆削り		1	
黒ペン		必要数	イメージスケッチ輪郭用
色鉛筆	24色程度	1	イメージスケッチ彩色用 課題2にも使用
直定規	300〜500程度のもの	1	課題2にも使用
巻尺等	2000程度のもの	1	課題2にも使用
三角スケール		1	

(2) 課題2用

品名	寸法（単位mm）又は規格等	数量	備考
金づち又はピンピッター		1	ピン打ち用
はさみ		1	
ピンクッション		1	
テグス	3号、長さ5000程度	1巻	
直定規	300〜500程度のもの	1	
巻尺等	2000程度のもの	1	
セロハンテープ	幅10〜15程度	適宜	必要に応じて
両面テープ	幅10〜15程度	適宜	必要に応じて
筆ペン	黒	1	POP用
筆記用具		適宜	

注．持参するものは、上記のものに限るが、同一種類のものを予備として持参することは差し支えない。

2. 試験場に準備してあるもの

品名	寸法（単位mm）又は規格等	数量	備考
長机		1	
いす		1	
くずかご		適宜	

平成29年度 1級実技試験 課題1 参考作品

描き方のポイント
（本書「一点透視図の描き方」参照）

- 配置する商品アイテムが多いので、ラフスケッチを描く前に、アイテムの簡単な姿図と寸法をメモしておくと後の作図がスムーズです。
- 初めに手前の外枠から指定の手ぬぐいの幅を取り消点と結び、バックパネル位置に作図します。次にベースに敷く和紙の幅を取ります。消点と結びます。
- 次に2台のライザーの位置を決めます。配置は自由ですが、三角形構成の土台になると考えて配置し作図します。この場合も、ベース外枠手前にライザーの幅300（A－B）、（C－D）の点を打ち、消点と結びます。位置はベース手前から150とします。
  外枠上にライザーの高さを取り消点と結び、ライザーの位置の水平線を緑の▶の順に作図線を引き、ライザーの形を描きます。奥に配置したライザーも同様にして形を描きます。
- 次に奥のライザーの上に載せる竹筒の高さを外枠上に取り、消点と結び透視図上の高さを決め、描きます。この時、竹筒の高さが消点（視点）より高くなるので、竹筒の口の楕円の描き方に注意しましょう。
  同様に、ボトルの高さも取り形を描きます。
- 次に右側に配置するグラスを描きます。高さを外枠上に取り、消点と結び、グラスの位置から赤の▶の順に作図して高さを決め、グラスの形を描きます。
- うちわは初めに実寸を外枠で取り、奥から少し手前の位置での高さの縮み具合を作図してから、斜めにするなどの表現にします。

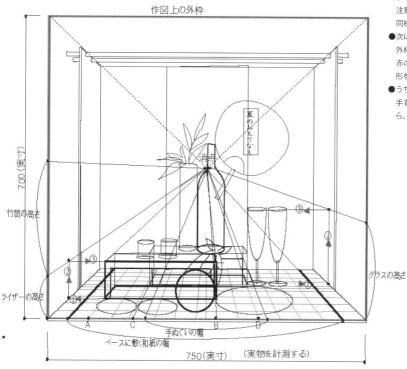

平成 29 年度 1級実技【問題のポイント解説】

　この課題では、食器売場の「夏のおもてなし」をテーマに、涼しげな和の空間を演出します。問題文をよく読み、木製ライザー2台を使い、支給された商品などと高さに変化をつけて配置し、バランスの良い三角形構成に仕上げるのがポイントです。

①段ボール板A、Bを固定する時は、ピンが裏や横に出ないように注意して打ちます。隙間がないか、垂直に自立しているかを確認します（本書「ピンナップの基礎知識と技法」参照）。
②手ぬぐいは、シワ、たるみなく、バックパネルにまっすぐに張ります（本書「雑貨をピンナップする」参照）。
③木製ライザーを構成する際、商品のサイズやボリューム感を考慮して配置を決めます。
④グラス、酒器、小皿、小鉢、箸袋セットは、それぞれ2個一組で配置するのが条件です。テーブルセッティングのように配置せず、各アイテムの魅力が表現できるように構成します。
⑤箸袋は別図1に従い、寸法どおりに、しっかり折り目をつけて仕上げることが美しく見えるポイントです。
⑥ボトルは正面を向くようにします。
⑦笹の枝は、商品の邪魔にならないように調整します。2本の笹の枝の高さに変化をつけ、笹の葉が立体的に見えるように整えます。
⑧麻布は涼しい風をイメージし、ウェーブ感を出すように表現します。

中央職業能力開発協会編
平成30年度 技能検定1級 商品装飾展示 実技試験問題

商品装飾展示作業
　次の注意事項に従って、課題1及び課題2を行いなさい。

1. 試験時間

課題1	イメージスケッチ（一点透視図）の作成		1時間40分
課題2	ビジュアルプレゼンテーション	標準時間	1時間30分
		打切り時間	1時間50分

2. 注意事項　省略

3. 課題1　イメージスケッチ＜一点透視図＞の作成

　「母の日」をテーマに、仕様に従い、化粧品売場のショーウィンドウを想定したビジュアルプレゼンテーションをプランし、イメージスケッチ（一点透視図）を作成する。

　「母の日」ギフトのメイン商品として、自然派化粧品の「美容液」、「クリーム」、「化粧水」を打ち出す。商品イメージの訴求効果を高めるため、クリームのような質感を布のドレープによって表現したパネル：「ドレープ・パネル」を制作し、商品とともに展示する。また、商品のナチュラルなイメージを効果的に表現するために、リーフをアレンジし、演出物として使用する。

　ベースパネル、バックパネルを組み立ててウィンドウとし、「ドレープ・パネル」1枚、フレーム2個、化粧品類、ギフトボックス等をウィンドウ内にバランス良く配置し、全体が三角形構成になるようにする。

　イメージスケッチは、黒ペンで輪郭を描き、色鉛筆で彩色して完成とする。

　支給材料は、手に取って採寸したり、生地を参考程度に形作ったりしてもよい。

（※問題文中のアンダーライン部分は「問題のポイント解説」参照）

【仕様】

（1）スペースについて

　　イ．バックパネル（段ボール板A：約1000×約600）は両端を折り「コ」の字形にし、ベースパネル（段ボール板B：約600×約400）を囲むように立て、5号ピン4本でベースパネルに固定する。①

　　ロ．丸棒2本はサイドパネル（側面部分）上部にある溝の任意の位置にはめ込み、テグスの吊り元などとして使用する。左右のサイドパネルから出た丸棒の長さは均等に揃える。②

（2）バックパネルに設置する「ドレープ・パネル」について
　　イ．段ボール板Ｃ（約300×約420）は、表面にキルティング芯（約300×約420）4枚を重ねて載せ、パイル生地Ａ（約400×約500）で巻き込み台紙とする。布の表面にしわが出ないように引っ張りながら形を整え、裏面に回した布は両面テープやガムテープを使用して台紙に留め、布の凹凸を抑える。③
　　ロ．パイル生地Ｂ（約700×約900）は、「イ」の台紙の表面でアレンジする。布は切らずに1枚で使用し、写真資料（180頁）を参考に、アンビエ、ドゥブルビエ、タッキング等のピンワークテクニックを用いてクリームや、きめ細かい泡のような柔らかな質感を表現する。④ 完成した「ドレープ・パネル」は垂直に使用するため、必要に応じて3号ピンで布を台紙に留め、ドレープが崩れないようにする。
　　　　なお、ドレープのデザインによっては、台紙全体をドレープで覆わなくてもよい。
　　ハ．ドレープの形を整えてから台紙を巻き込む。裏面に回した布は、厚みや凹凸が出ないように処理し、両面テープ、3号ピン及びガムテープを使用してパネルに留める。裏面の余分な布は切ってもよい。⑤
　　ニ．使用する3号ピンは、「ドレープ・パネル」全体で20本以内とする。
　　ホ．完成した「ドレープ・パネル」は、全体の構成を考えたうえで、バックパネルの任意の位置に配置し、5号ピン4本で固定する。パネルの縦、横、斜め使いは自由とする。⑥
（3）フレームＡ、Ｂについて
　　イ．フレームＡ（約450×約330）は、奥の丸棒からテグス2本で水平に吊り下げる。
　　ロ．フレームＢ（約400×約290）は、全体の構成を考え効果的な位置に自由に配置し、テグス2本以内、3号ピン2本以内を使用して固定する。⑦ ただし、フレームの一部はベースパネルに接していること。
（4）化粧品類の展示用ライザー3個について
　　イ．円筒ケース（直径約120、高さ約50）の中にカップを伏せて置き、商品のライザーとする。パイル生地Ｃ（約300×約300）は、円筒ケースに入れ、タッキングでクリームやきめ細かい泡のような柔らかな質感を表現する。
　　ロ．アクリルボックスＡ（約100×約100×約100）は、リーフＡ・1枚と造花1本をアレンジして中に入れ、天板Ａを載せ、商品のライザーとする。
　　ハ．アクリルボックスＢ（約150×約150×約60）は、リーフＢ・2枚と造花1本をアレンジして中に入れ、天板Ｂを載せ、商品のライザーとする。
（5）「美容液」、「クリーム」、「化粧水」は、円筒ケース及び任意のアクリルボックス1個の上に、

　　　　自由に組み合わせて配置する。⑧
（６）リップスティック、ファンデーション及びギフトボックスについて
　　　イ．ギフトボックス（約85×約85×約25）は、ラッピングペーパーで合わせ包みにし、リボンを斜めに掛け、蝶結びにする。
　　　ロ．リップスティック2本、ファンデーション及びギフトボックスは、任意のアクリルボックス1個の上に、三角形構成になるように配置する。リップスティックは、少なくとも1本はキャップを取って展示する。⑨
（７）商品を展示したライザー3個の配置について
　　　円筒ケース、アクリルボックスA、Bは、全体がバランスの良い三角形構成になるように配置する。
（８）リーフA・2枚は、茎を任意の長さに切ってアレンジし⑩、フレームA又はBの任意の位置に両面テープや地巻きワイヤーで固定する。その上にラフィアを結ぶ。葉の部分は、必要に応じて両面テープ等でフレームに固定する。
（９）メッセージカードに「Thanks Mom!」と書き、任意の位置に配置する。書体及び色は、自由とする。

4. 課題2　ビジュアルプレゼンテーション
　　課題1で作成したイメージスケッチ（一点透視図）及び仕様に従い、支給材料と持参用具を用いてビジュアルプレゼンテーションを行う。

【仕様】
　課題1の（1）～（9）に従い、スペース内にビジュアルプレゼンテーションを構成し完成させること。
　残ったピン（曲がったもの、折れたものも含む。）は、すべてピンを刺してあったスチレンボードにセロハンテープで貼り付け、ベースパネルの左端手前に置く。

課題1 【仕様】（2）ロ.「ドレープ・パネル」参考資料

5. 支給材料

支給材料は、調達の都合上、やむなく寸法又は規格等が若干変更になる場合があります。

課題番号	品名	寸法（単位mm）又は規格等	数量	備考
1	クリアケース	A3	1	イメージスケッチ収納用
2	段ボール板A	約1000×約600	1	バックパネル用
	段ボール板B	約600×約400	1	ベースパネル用
	段ボール板C	約300×約420	1	ドレープ・パネル用
	丸棒	直径約9　長さ約750	2	
	キルティング芯	約300×約420	4	
	パイル生地A	約400×約500	1	ドレープ・パネル用
	パイル生地B	約700×約900	1	ドレープ・パネル用
	パイル生地C	約300×約300	1	円筒ケース用
	フレームA	約450×約330	1	
	フレームB	約400×約290	1	
	円筒ケース	直径約120　高さ約50	1	※フタなし
	カップ	直径約70　高さ約55	1	円筒ケース用
	アクリルボックスA	約100×約100×約100	1	
	アクリルボックスB	約150×約150×約60	1	
	天板A	約110×約110	1	
	天板B	約160×約160	1	
	リーフA	全体の長さ約600　葉の幅約90　長さ約270	3	
	リーフB	幅約15　長さ約800	2	
	造花	花径約20　長さ約350	2	
	ラフィア	長さ約700～1000	3	生成
	地巻きワイヤー	#26　グリーン	2	リーフA固定用
	ギフトボックス	約85×約85×約25	1	クリア
	ラッピングペーパー	約270×約140	1	白系
	リボン	幅約10　長さ約800	1	綿テープ、生成
	美容液ボトル	直径約37　高さ約105	1	シール貼付

化粧水ボトル	直径約43　高さ約145	1	シール貼付
クリームケース	直径約45　高さ約46	1	
リップスティック		2	
ファンデーション	直径約60　高さ約15	1	
メッセージカード	約90×約55	1	POP用
3号ピン		25	
5号ピン		12	

1級商品装飾展示（商品装飾展示作業）実技試験使用用具等一覧表

1. 受検者が持参するもの

(1) 課題1用

品名	寸法（単位mm）又は規格等	数量	備考
鉛筆		必要数	筆記・スケッチに適するもの
消しゴム		1	
鉛筆削り		1	
黒ペン		必要数	イメージスケッチ輪郭用
色鉛筆	24色程度	1	イメージスケッチ彩色用
直定規	300～500程度のもの	1	
巻尺等	2000程度のもの	1	
三角スケール		1	

(2) 課題2用

品名	寸法（単位mm）又は規格等	数量	備考
金づち又はピンピッター		1	ピン打ち用
はさみ		1	
ニッパー		1	
ピンクッション		1	
テグス	3号、長さ5000程度	1巻	
直定規	300～500程度のもの	1	
巻尺等	2000程度のもの	1	
セロハンテープ	幅10～15程度	適宜	
両面テープ	幅10～15程度	適宜	
ガムテープ（布）		1	
サインペン	6色程度	適宜	POP用
筆記用具		適宜	

注．持参するものは、上記のものに限るが、同一種類のものを予備として持参することは差し支えない。

2. 試験場に準備してあるもの

品名	寸法（単位mm）又は規格等	数量	備考
長机		1	
いす		1	
くずかご		適宜	

平成 30 年度 1 級実技試験 課題 1 参考作品

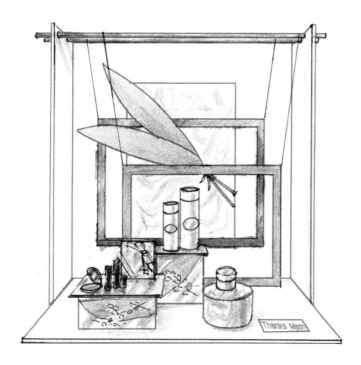

描き方のポイント
（本書「一点透視図の描き方」参照）

- アイテムが多いので、初めに商品の姿図と一覧表にあるそれぞれの寸法をメモしてから始めましょう。パースを描くのがスムーズになります。ラフスケッチの際に三角形構成をイメージしながら、配置の手順と位置関係とサイズの把握をしておきます。
- バックパネルにピンナップするドレープパネルの幅の点（A－B）を作図上の外枠に印し、消点と結びます。このパネルの取り付け位置の高さは任意なので、左の作図上の外枠に、上から100の位置にC点を取り、消点と結びバックパネルに位置決めします。
  ドレープパネルの下位置D点を消点と結び、位置決めします。
- フレームA・Bも同様に作図上の外枠から、フレームの幅を取り、消点と結びます。
  同様に縦のサイズを外枠上に取り、消点と結びます。この時、フレームの前後関係は、2本の丸棒からのテグスの位置が関係しますので、作図上もパース線と奥の丸棒との交点①②（フレームA）、手前の丸棒との交点③④（フレームB）から垂直線を下ろし位置づけします。それぞれの高さは左の外枠上、EFとGHと消点を結び、それぞれef、ghからの水平線の位置となります。
  アクリルBOX、円筒ケース、ギフトBOXなどは配置を決めたら、それぞれの高さを、外枠上に取り赤の▶の手順（配置の水平線→透視図上の高さ→高さ位置の水平線）をそれぞれの商品ごとに繰り返して透視図を仕上げます。

平成 30 年 1 級 実技【問題のポイント解説】

　この課題のポイントは、商品の配置だけでなく、資料写真を参考にピンワークテクニックを用いて、布でクリームのような質感を表現することです。スケッチにおいても、その素材の質感、イメージが伝わるように描きます。

①段ボール板 A、B を固定する時は、ピンが裏や横に出ないように注意して打ちます。隙間がないか、垂直に自立しているかを確認します（本書「ピンナップの基礎知識と技法」参照）。
②サイドパネルから出た丸棒の長さは、揃えるよう指示されています。作業時に動くことも考えられますので、そのつど確認が必要です。
③布は、四方を均等に敷き、台紙に留めます。
④布は切らずに仕上げるので、全体の流れを考え、ピンワークの始点をパネルのどの位置にするか、がポイントです。
　ピンワークをする際は、ときどきパネルを垂直にし、ドレープが崩れないか確認しながら作業します。この時、ピンは目立たないように使用します。
⑤裏面に回した布は多すぎるとバックパネルに固定しづらいので、必要に応じて切ります。
⑥「ドレープ・パネル」をバックパネルに固定する時は、ピンの先が裏に出ないように注意します（本書「ピンナップの基礎知識と技法」参照）。
⑦フレーム B は、丸棒からテグスを取り、フレームに結んでからベースパネルまたはサイドパネルに 3 号ピン 1 本を打ち、テグスを結んで固定します。テグスワークは「吊り」だけでなく「物を固定する」ためにも使います（本書「テグスワークの基本」参照）。
⑧化粧品の商品特性を考え、商品が分かりやすく魅力的に見えるように配置します。
⑨日頃から、リップスティック、ファンデーションなどさまざまな商品が、どのように展示されているか、見ておきましょう。
⑩リーフ A をフレームに取り付ける時は、全体のバランスを考え、商品がリーフで隠れないように注意します。

改訂第3版 国家検定
商品装飾展示
ガイドブック 技能検定

PART 3
技能検定受検の手引き

検定の実技基準と心構え

　1級、2級、3級、それぞれの級に、必要な技能の一定の基準があります（検定基準及びその細目の表参照）。受検する級の基準を念頭におき、自身の技能に一層の磨きをかけましょう。さらに3級、2級、1級へとスキルアップを図り、専門をより深めていきましょう。

＜3級＞
　3級のみ、受検案内で問題概要が公表された後、申請時に書いた受検者の現住所に実技試験問題が届きます。
　問題をしっかり熟読し、把握したうえで、指示通りに作業し、問題にある完成図のように的確に仕上げていくことが重要となります。規定の試験時間内で完成させるためにも、成果が上がるよう受検当日までトレーニングを重ねることが重要です。技術はもちろんですが、支給材料の扱い方から表現に至るまで丁寧に、細部まで、気を配る心がけが必要です。
　例えば、ピニングで、ピンがボードを突き抜けてしまったり、商品を傷めたり、固定すべきものがしっかり留められていなかったり、図で示されている通りに仕上げていなかったりしないよう、十分注意しましょう。スペース内で寸法が指示されている場合、定規、メジャーなどで正確に測り、配置しましょう。問題をよく読み理解しておくことです。

＜2級＞
　2級は、受検案内で問題概要とテーマと主な材料が公表されます。したがって、試験当日、初めて実技問題を見ることになります。対応できるよう、事前の準備として問題の予想を立て、問題概要に示されたテーマと支給材料についての基礎技術はマスターしておきましょう。
　また、仕上げまで時間が限られている試験時間の中で、問題把握から入るため、問題文の読解力が重要となります。指示通りに作業し、完成図のように的確に仕上げる技術力と対応力が要求されます。時間切れで未完成のまま終わることのないように、時間の配分に十分に注意して完成させましょう。

＜1級＞
　1級は、受検案内で問題概要、テーマと主な支給材料が公表されます。課題1のイメージスケッチ（一点透視図）の作成と、課題2のビジュアルプレゼンテーションを実施順序に従って、指定

された通りに行います。

　課題1で描いたイメージスケッチを課題2では支給材料を使って表現します。総合力が要求されます。ビジュアルプレゼンテーションの立案ができること。デザインができること。確かな理解力によるイメージスケッチ（一点透視図）が描けること。さまざまなアイテムにおける具体的なプレゼンテーションができるように、技能を深めておきましょう。

　2級と同様に、試験当日、初めて実技試験問題を見ることになります。落ち着いて問題を把握し、受検に臨みましょう。

　以上、商品装飾展示という分野に深くかかわる、基本的で重要な事柄について焦点を合わせ、準備をすることがポイントです。限られた条件下での実技試験ですから、現実の売場におけるプレゼンテーションの再現というより、いずれの級も素養と適正、基本的な技能と技術を測る課題です。1級と2級はさらに応用力などの技能が備わっているかを問う課題といえます。実務の中で自己流になってしまっていることや、疎かにしている技術など、今さらと思う基本的技術を再確認しておくことも大切です。

検定合格のための学習ポイント

1. 商品装飾展示一般
○ビジュアルマーチャンダイジング（以下VMD）
　まずVMDの意味を、十分理解することが重要です。そのためには、第一にマーチャンダイジング（以下MD）とは何か、次いでMD活動だけでは購買喚起と促進が困難になった経緯、その結果、ビジュアル化が必要になったことを理解してください。
　そのうえで、1988年に日本ビジュアルマーチャンダイジング協会が発表しているVMDについてチェックをします。その中で、VMDはマーケティング活動の一環でもあり、小売店のMD活動にも関係することから、品揃え活動にも関連してくる点を理解してください。
○VMDの表現ポイントとして
・ビジュアルプレゼンテーション（VP）　VPは訴求効果が高いことから、訴求商品はどのようなものであるか、効果的な場所はどこか、表現方法はどうするかといった点を理解しましょう。
・ポイントオブセールスプレゼンテーション（以下PP）　PPの意味、IPとの関連性、効果的な場所はどこか、表現方法はどうするかといった点をチェックします。
・アイテムプレゼンテーション（以下IP）　IPはお客さまが直接商品を購入する場であることを理解します。

2. 商品の販売促進（略して販促）
　販促はセールスプロモーション、略してSPともいいます。購買を喚起し、商品の販売を拡大・促進するのが目的です。販促の意味とその展開方法、宣伝材料物の種類と用途を把握しましょう。

3. 商品装飾展示が行われる業態、業種、それらの特徴
　ショッピングセンター、百貨店、専門店などの業態区分を把握しましょう。業態としては比較的新しいアウトレット、セレクトショップ、オンリーショップ、カテゴリーキラー、SPAの内容も調べます。
　また、同一業態での形態の違いも把握しておきます。例えばチェーンストアにおけるボランタリーチェーン、フランチャイズチェーンの区分の違い、ショッピングセンターにおけるネイバーフッド型、コミュニティー型、リージョナル型の違いを明確にしておきます。

4. 展示場所の種類、特徴、使用方法

　店舗で商品展示する場所によって特徴があり、それに伴い活用内容が違ってきます。店前のウインドウ、店内の正面ステージ、壁面棚上の空間といったように、これらの場所をピックアップし、その場所の特徴と役割を把握します。例えば店前を通行する人に、店の印象や立ち止まらせる役割として、ショーウインドウがあります。ここではお客さまを誘引する、魅力のある商品で演出することが効果的です。

5. 売場の構成、機能

○売場構成に関する事項

　売場構成はインショップタイプや中島（アイランド）でオープンタイプ、壁面を伴うタイプなどさまざまですが、その場所や販売方法（接客販売、セルフ販売など）に合う什器はどのようなものか整理します。例えば、アイランドディスプレイに最も適した器具はショーケースではなくステージ、対面販売に適した什器はゴンドラではなくガラスケースであることなど。

　照明に関する事項では、間接照明と直接照明の違いや、色温度、ウォールウォッシャー、輝度などの照明に関する基本的な用語はチェックしておきましょう。

○売場機能に関する事項

　動線には導線という表現もあり、客導線、販売員動線、管理動線などがあります。これらの意味と特徴を把握します。また、空間構成の中で最も訴求効果が高いといわれる、ゴールデンゾーンを中心とした上下の活用方法と効果もチェックしましょう。

6. 商品装飾展示の基礎知識

○商品装飾展示の用語について

　基本的な用語はすべて理解する必要があります。用語は整理して捉えます。例えばアイランドディスプレイ、ウォールディスプレイのように場所別や、噴水効果やシャワー効果のように活用効果別など、整理し把握します。

　商品特性については、基本的な商品分類やその特徴による名称を理解します。例えば、販売計画面で定番商品、季節商品、特価商品など。特徴面でいうと、例えば柄の名称など。同一商品の分類と名称では、例えばスカートやコートの種類と名称など。商品の部分やデザインの違いでは、例えば襟や袖の種類とその名称などです。

○商品装飾展示に関連する基礎知識

　購買行動については、ストアロイヤルティーやワンストップショッピングなど、ファッション

動向では最近のファッション動向をチェックします。ライフスタイルに関してはライフスタイルとライフステージの違い。関連項目として、販売システムにかかわるクイックレスポンスシステムなどを理解しましょう。

7. 商品装飾展示のデザイン
○デザインの基礎に関する項目

　造形要素では、商品装飾展示の構成要素とその関連要素をチェックします。例えば、構成では三角形構成やシンメトリーなど、デザインではポップアートやロゴタイプデザインなどです。また関連で、エレメント、オーナメント、オブジェなどもチェックします。造形様式ではロココスタイルやアールデコスタイルなど、装飾様式ではアールヌーボーなど該当する様式を調べます。

　色彩の機能及び効果では、色彩に関する基本的な用語を理解します。例えば色の三属性や表色体系（マンセル、PCCS）など。効果面では、いろいろなカラーコーディネイト方法やトーンとイメージなど、それぞれの用語を調べましょう。また流行色に関する事項も理解します。

　照明の機能及び効果では、アンビエント照明やタスク照明、光源や照度、輝度などを含む基本用語、演色性や色温度などもチェックし理解します。

○プラン及びデザインに関して

　図面の一般的な知識が必要です。商品装飾展示では什器図を含め内装図面が主となります。縮尺の種類、図面の記号を理解する必要があります。

8. 商品装飾展示に使用する用具・用材の種類、用途、使用方法

　商品装飾展示で使用される用具の種類をチェックします。同一用具でピンやテグスの種類と用途の違い、最近はさまざまなクリップの使い方なども重要です。またガンタッカーやニッパーの使用方法で避けたほうがよいことなど、用具の種類と使用方法にポイントをおいて理解します。

9. 装飾展示の方法

　装飾展示の技術的な名称、効果的な用途などを理解しましょう。例えば、布地を用いる技術であるピンワーク、その関連のギャザリングやドレーピングなど。洋服展示のハンギング、その関連でフェイスアウト、ショルダーアウト、フォーミング、パディング、レイダウンなどがあります。その他の技術も調べ理解しましょう。また、包装では、基本形の合わせ包み、斜め包みをはじめとする包みの種類と方法、関連でリボン掛けの種類と方法を理解しましょう。エコの視点から日本古来の風呂敷包みのいろいろなども知っておくことです。

10. 材料

　材料の種類と性質も理解します。例えば合板、強化ガラス、FRPなどの性質や使用方法があり

ます。布の種類では、例えばベルベット、ナイロンタフタ、ジョーゼット、サテン、レーヨンなど、それらの素材感の違いも含め把握します。また、似た素材ではあるが違う材料として、天然石と人造石の種類、アクリル板と塩化ビニール板の透過性、紙のA版とB版のサイズ、木の木目と柾目の違いなどがあります。

この他にも、商品装飾展示に用いる材料は各種あります、近年は環境に優しい素材も多種開発されていますので、社会事象とともに常に新しい素材などの種類と用途をチェックし理解しましょう。

11. 関係法規

○デザインの知的財産権について

デザイン活動上で借用物の版権や、似かよったデザイン上での版権のトラブルなど、デザインに関する知的財産権をめぐる問題を身近なものとして捉え、ひと通り目を通しておきましょう。その中で著作権に関する項目の概略を理解します。

○商品装飾展示に関する部分についての法令

商品装飾展示にかかわる法令には、（1）製造物責任法、（2）消防法、（3）建築基準法、（4）大規模小売店舗立地法があります。それぞれがどのような法令なのか概略を知り、商品展示に関する部分についてチェックします。例えば製造物責任法は、PL法とも呼ばれ、製造業者に損害賠償責任を認める被害者保護を目的にしています。消防法令では防災関係、防炎加工、防災規制、防災設備、消火設備等が関連してきます。建築基準法の内装関連や大規模小売店舗立地法の生活環境保持に関係する点なども含めチェックし、概要を把握しましょう。その他、国際標準化機構（ISO）の品質保証規格、環境活動の国際基準も合わせてチェックしておきましょう

○商品装飾展示作業に伴う安全衛生

商品装飾展示作業を安全に行うための法規です。例えば作業開始にあたって、工事現場ではヘルメットの着用が義務づけられています。作業時の安全面では、防火扉や非常階段での物の設置禁止、展示作業はスプリンクラーヘッドから離れて行うこと、高所での作業の注意点などがあります。労災保険や労働安全衛生法関係法の商品装飾展示作業に関する項目を調べ把握しておきましょう。

技能検定制度とは

1. 技能検定の概要

　厚生労働省の「技能検定のあらまし」によれば、技能検定とは「働く人々の有する技能を一定の基準によって検定し、国として証明する技能の国家検定制度」です。技能についての社会的評価を高め、技能者の地位向上を目的に、職業能力開発促進法に基づいて実施されています。技能検定は1959年に開始されて以来、現在137職種について実施されています。

　「商品装飾展示」技能検定は1986年度にまず1級、2級が実施され、翌1987年度から合格者が出ています。1998年度前期より、従来の1級、2級に加えて3級が新設されました。過去の受検状況は別表（195頁）のようになります。

2. 技能検定の実施機関

　技能検定は、国（厚生労働省）が定めた実施計画に基づいて、試験問題等の作成は中央職業能力開発協会が、試験の実施は各都道府県が、それぞれ行います。

　また、各都道府県の業務のうち、受検申請書の受付や試験実施等の業務は、各都道府県職業能力開発協会が行っています。

3. 技能検定の等級区分

　技能検定には現在、特級、1級、2級、3級に区分するものと、単一等級として等級を区分しないものがあります。それぞれの試験の程度は次のとおりです。

　　特級 …… 管理者または監督者が通常有すべき技能の程度
　　1級及び 単一等級 …… 上級技能者対象（実務経験7年以上）
　　2級 …… 中級技能者対象（実務経験2年以上）
　　3級 …… 初級技能者対象（実務経験6ヵ月以上）

（注：「商品装飾展示」技能検定は現在、1級、2級、3級に区分して実施）。

　技能検定の合格者には、厚生労働大臣（特級、1級、単一等級）、または都道府県知事（2級、3級）の合格証書が交付され、技能士と称することができます。

4. 技能検定試験の実施日程

　「商品装飾展示」技能検定試験は、前期に実施します。日程は、概ね以下のとおりです。

- 実施公示 3月上旬
- 受検申請受付 4月上旬～4月中旬…各都道府県職業能力開発協会で受付
- 実技試験問題公表 6月上旬…各都道府県職業能力開発協会が公表
- 実技試験 6月上旬～9月上旬
- 学科試験 8月下旬～9月上旬
- 合格発表 9月上旬（3級）・10月上旬……各都道府県庁が発表

5. 受検手数料

　平成29年度後期より、ものづくり分野に従事する若者の確保・育成を目的として、2級または3級の実技試験を受検される方の受検手数料が9,000円減額されました。令和元年度においては、平成31年4月1日時点で34歳以下の方（1984年・昭和59年4月2日以降に生まれた方）が減額の対象となります。

　受検手数料の詳細については、下表の通りです。

受検する級	年齢	実技・学科受検	実技のみ受検	学科のみ受検
1級	全年齢	21,000円	17,900円	3,100円
2級	35歳以上	21,000円	17,900円	〃
〃	34歳以下	12,000円	8,900円	〃
3級	35歳以上	21,000円	12,000円	〃
〃	34歳以下	12,000円	8,900円	〃
在校生・訓練生	35歳以上	15,000円	11,900円	〃
〃	34歳以下	6,000円	2,900円	〃

　在校生・訓練生とは次のいずれかに該当する方をいいます。なお、対象者は受検申請時に生徒手帳または学生証（科目名・コース名等が確認できるものに限る）を提示してください。
①高等学校、中等教育学校の後期課程、特別支援学校の高等部、高等専門学校、短期大学、大学、専修学校、各種学校の在校生
②公共職業能力開発施設または認定職業訓練施設の訓練生（就職している者を除く）
③職業能力開発総合大学校の在校生（就職している者を除く）

6. 受検資格

　原則として、検定職種についての実務経験が必要です。その期間は、学歴や職業訓練歴等により規定されています。現在、受検資格要件が大幅に緩和されました。実務経験のみで受検する場合は、1級は7年、2級は2年ですが、1級は2級合格後の場合2年で、3級合格後の場合は4年で受検できます。また3級の場合、「商品装飾展示」技能検定については、専門学校・専門高校、専門学科のある大学などの在学生（1年生を含む在学生）は実務経験なしで受検可能となります。各年度、「受検案内」が発行されますので、詳しくは検定を実施する各都道府県の職業能力開発協会へお問い合わせください。

7. 申請受付の条件

　申請受付の条件は以下のとおりです。

1．受付期間中に申請していること。

2．受検資格があること。

3．記入（又は入力）漏れ、又は誤りがないこと。

4．所定の受検手数料が、所定の期日までに納付されていること。

5．受検申請書（写真票）又は受検票に、必要枚数の写真（6ヵ月以内の正面脱帽半身像）が貼付されていること。

6．試験の免除を受けようとする方は、その職種（作業）に関する免除資格を証明する書面（写し）があること。

7．必要な証明書類が添付されていること。

お問い合わせは

●厚生労働省ホームページ

　（職業能力開発局　技能振興課　関係情報）　http://www.mhlw.go.jp/

●中央職業能力開発協会ホームページ　　　　http://javada.or.jp/

●日本ビジュアルマーチャンダイジング協会　連絡事務局

　　　　　　　　　　　　　　　　　　　　ホームページ　http://www.javma.com/

　　　　　　　　　　　　　　　　　　　　e‐mail　vmd@nifty.com　kentei@nifty.com

1986～2018年度（昭和61～平成30年度）商品装飾展示（商品装飾展示作業）技能検定受検状況

級別 年度別		1級 申請者	1級 申・累計	1級 合格者	1級 合・累計	2級 申請者	2級 申・累計	2級 合格者	2級 合・累計	3級 申請者	3級 申・累計	3級 合格者	3級 合・累計	合計 申請者	合計 申・累計	合計 合格者	合計 合・累計
1986-1996	全国		218		71		1,815		1,186						2,033		1,257
	東京		78		37		756		535						834		572
1997	全国	23	241	4	75	236	2,051	171	1,357					259	2,292	175	1,432
	東京	12	90	3	40	76	832	55	590					88	922	58	630
1998	全国	18	259	7	82	70	2,121	49	1,406	140	140	105	105	228	2,520	161	1,593
	東京	1	91	1	41	15	847	10	600	110	110	78	78	126	1,048	89	719
1999	全国	25	284	6	88	138	2,259	87	1,493	234	374	173	278	397	2,917	266	1,859
	東京	7	98	1	42	39	886	28	628	123	233	102	180	169	1,217	131	850
2000	全国	29	313	7	95	131	2,390	88	1,581	319	693	218	496	479	3,396	313	2,172
	東京	15	113	5	47	33	919	25	653	141	374	104	284	189	1,406	134	984
2001	全国	32	345	11	106	124	2,514	90	1,671	283	976	219	715	439	3,835	320	2,492
	東京	18	131	8	55	43	962	35	688	115	489	96	380	176	1,582	139	1,123
2002	全国	24	369	5	111	85	2,599	45	1,716	255	1,231	184	899	364	4,199	234	2,726
	東京	11	142	2	57	35	997	9	697	46	535	39	419	92	1,674	50	1,173
2003	全国	25	394	10	121	51	2,650	36	1,752	231	1,462	178	1,077	307	4,506	224	2,950
	東京	6	148	2	59	17	1,014	14	711	28	563	22	441	51	1,725	38	1,211
2004	全国	23	417	5	126	49	2,699	24	1,776	391	1,853	240	1,317	463	4,969	269	3,219
	東京	7	155	4	63	17	1,031	10	721	87	650	71	512	111	1,836	85	1,296
2005	全国	16	433	4	130	41	2,740	28	1,804	402	2,255	308	1,625	459	5,428	340	3,559
	東京	2	157	0	63	15	1,046	11	732	138	788	103	615	155	1,991	114	1,410
2006	全国	22	455	13	143	46	2,786	40	1,844	368	2,623	296	1,921	436	5,864	349	3,908
	東京	9	166	6	69	15	1,061	15	747	121	909	96	711	145	2,136	117	1,527
2007	全国	21	476	5	148	84	2,870	69	1,913	323	2,946	291	2,212	428	6,292	365	4,273
	東京	6	172	0	69	19	1,080	15	762	80	989	74	785	105	2,241	89	1,616
2008	全国	18	494	9	157	106	2,976	88	2,001	280	3,226	207	2,419	404	6,696	304	4,577
	東京	9	181	7	76	21	1,101	14	776	45	1,034	34	819	75	2,316	55	1,671
2009	全国	12	506	8	165	84	3,060	68	2,069	313	3,539	208	2,627	409	7,105	284	4,861
	東京	4	185	2	78	32	1,133	25	801	73	1,107	55	874	109	2,425	82	1,753
2010	全国	24	530	8	173	68	3,128	55	2,124	300	3,839	231	2,858	392	7,497	294	5,155
	東京	14	199	6	84	23	1,156	20	821	69	1,176	57	931	106	2,531	83	1,836
2011	全国	13	543	1	174	53	3,181	42	2,166	294	4,133	240	3,098	360	7,857	283	5,438
	東京	5	204	1	85	14	1,170	11	832	48	1,224	38	969	67	2,598	50	1,886
2012	全国	12	555	6	180	50	3,231	39	2,205	328	4,461	262	3,360	390	8,247	307	5,745
	東京	7	211	3	88	16	1,186	13	845	101	1,325	82	1,051	124	2,722	98	1,984
2013	全国	10	565	2	182	68	3,299	53	2,258	352	4,813	277	3,637	430	8,677	332	6,077
	東京	6	217	0	88	35	1,221	28	873	96	1,421	71	1,122	137	2,859	99	2,083
2014	全国	19	584	11	193	40	3,339	31	2,289	232	5,045	161	3,798	291	8,968	203	6,280
	東京	14	231	10	98	13	1,234	13	886	54	1,475	36	1,158	81	2,940	59	2,142
2015	全国	15	599	8	201	32	3,371	28	2,317	249	5,294	176	3,974	296	9,264	212	6,492
	東京	10	241	6	104	21	1,255	19	905	82	1,557	49	1,207	113	3,053	74	2,216
2016	全国	15	614	9	210	57	3,428	50	2,367	265	5,559	211	4,185	337	9,601	270	6,762
	東京	12	253	8	112	29	1,284	24	929	86	1,643	64	1,271	127	3,180	96	2,312
2017	全国	12	626	6	216	33	3,461	28	2,395	301	5,860	226	4,411	346	9,947	260	7,022
	東京	8	261	3	115	19	1,303	15	944	87	1,730	71	1,342	114	3,294	89	2,401
2018	全国	16	642	8	224	44	3,505	30	2,425	336	6,196	251	4,662	396	10,343	289	7,311
	東京	8	269	3	118	29	1,332	23	967	92	1,822	64	1,406	129	3,423	90	2,491
累計	全国		642		224		3,505		2,425		6,196		4,662		10,343		7,311
	東京		269		118		1,332		967		1,822		1,406		3,423		2,491

平成 21～30 年度　商品装飾展示 (商品装飾展示作業)　技能検定実施公示状況

＜ 1 級・2 級＞

年度	職種	作業	北海道	青森	岩手	宮城	秋田	山形	福島	茨城	栃木	群馬	埼玉	千葉	東京	神奈川	新潟	富山	石川	福井	山梨	長野
21	商品装飾展示	商品装飾展示	●												●				●	●		
22	商品装飾展示	商品装飾展示	●												●					●		
23	商品装飾展示	商品装飾展示	●												●					●		
24	商品装飾展示	商品装飾展示	●												●				●	●		
25	商品装飾展示	商品装飾展示	●												●					●		
26	商品装飾展示	商品装飾展示	●						●						●					●		
27	商品装飾展示	商品装飾展示	●						●						●				●	●		
28	商品装飾展示	商品装飾展示	●						●						●				●			
29	商品装飾展示	商品装飾展示	●						●						●				●			
30	商品装飾展示	商品装飾展示	●						●						●				●			

＜ 3 級＞

年度	職種	作業	北海道	青森	岩手	宮城	秋田	山形	福島	茨城	栃木	群馬	埼玉	千葉	東京	神奈川	新潟	富山	石川	福井	山梨	長野
21	商品装飾展示	商品装飾展示	●						●			●	●		●	●			●	●	●	
22	商品装飾展示	商品装飾展示	●						●			●	●		●		●	●	●	●	●	
23	商品装飾展示	商品装飾展示	●									●	●		●				●	●		
24	商品装飾展示	商品装飾展示	●									●	●		●				●	●		
25	商品装飾展示	商品装飾展示	●					●					●		●				●	●		
26	商品装飾展示	商品装飾展示	●										●		●				●	●		
27	商品装飾展示	商品装飾展示	●					●				●	●		●				●	●		
28	商品装飾展示	商品装飾展示	●						●			●	●		●	●				●		
29	商品装飾展示	商品装飾展示	●					●				●	●		●	●						
30	商品装飾展示	商品装飾展示	●					●				●	●		●	●						

静岡	愛知	三重	滋賀	京都	大阪	兵庫	奈良	和歌山	鳥取	島根	岡山	広島	山口	徳島	香川	愛媛	高知	福岡	佐賀	長崎	熊本	大分	宮崎	鹿児島	沖縄
●	●				●	●					●					●	●	●							
●	●				●						●					●	●	●							
●	●				●	●										●	●	●							
●	●				●											●	●	●							
●	●				●											●	●	●							
●	●				●											●	●	●							
●	●				●											●	●								
●	●				●											●	●								
●	●				●											●	●								
●	●				●											●	●								

静岡	愛知	三重	滋賀	京都	大阪	兵庫	奈良	和歌山	鳥取	島根	岡山	広島	山口	徳島	香川	愛媛	高知	福岡	佐賀	長崎	熊本	大分	宮崎	鹿児島	沖縄
●	●				●	●					●					●	●								
●	●				●						●					●	●								
●	●				●	●					●					●	●								
●	●				●		●				●					●	●								
●	●				●						●					●	●								
●	●				●						●					●	●								
●	●				●						●					●	●								
●	●				●						●					●	●								
●	●				●						●					●	●								
●	●				●						●					●	●								

「商品装飾展示」技能検定 Q&A

Q 「商品装飾展示」とはどんな仕事でしょうか？
A 商品装飾展示という呼称は古風ですが、実際には時代の先端を行く新しい仕事です。マーチャンダイジング（商品政策や商品計画）を明確に視覚伝達するために、ビジュアルマーチャンダイジング（VMD）の知識と、感性と、商品を見せる技術（MP）を融合・駆使して、商品を効果的に陳列・演出・表現し、お客さまに快適な買い物を提供する魅力ある店づくり・売場演出をする仕事です。

Q 商品装飾展示技能士に類似した呼称はありますか？
A デコレーター、ディスプレイデコレーター、ディスプレイコーディネイター、エタラジスト、ビジュアルコーディネイター、VMDコーディネイター、ビジュアルマーチャンダイザーなど、欧米の専門家の呼称とともに、日本で生まれたものもいくつかあります。

Q 商品装飾展示分野のプロの仕事の内容は？
A 商品政策・商品計画の視覚情報伝達を意図し、センスと技術・技能を駆使して視覚効果のある売場を作り上げます。また、ファッションコーディネイト、テーブルコーディネイトなどの方法をビジュアルプレゼンテーションで示したり、感性のあるライフスタイルを具体的に表現します。そして商品情報をビジュアル化し、商品を分かりやすく魅力的に提示します。さらに消費者と供給者の仲立ち役として、お客さまにとって見やすく、買いやすい商品プレゼンテーションを行います。

Q 検定の申し込みや受検資料の請求先を教えてください。
A 各都道府県にある職業能力開発協会です（200頁～203頁）。

Q 受検の資格はどのようなものでしょうか。
A 性別、年齢、国籍の制限はありません。実務経験・学歴の規定は別表2の通りです。

Q 受検準備には、どのようなことを勉強すればよいのでしょうか？
A 厚生労働省職業能力開発局による「商品装飾展示技能検定試験の試験科目及びその範囲並びにその細目」（204頁～212頁）を見ても分かるように、「商品装飾展示」の日常の仕事にかかわったことが出題されることに留意した勉強をお勧めします。

Q 学科試験の出題範囲が広くて準備に戸惑いがありますが、受検準備の方法は？
A 厚生労働省職業能力開発局が示した、「商品装飾展示技能検定試験の試験科目及びその範囲並びにその細目」にある各項目について、まず「商品装飾展示」という分野に深くかかわった、基本的で重要な事柄に焦点を合わせて準備するのが、ポイントでしょう。特にビジュアルマーチャンダイジング（VMD）に関する知識は重要です。また、商品、商業施設、販売促進、アート、デザイン、マーケティングなどに関する知識も要求されます。さらに、社会動向、季節、風習など、一般常識として知らなくてはならない事柄は、専門家になるためにも基本的な素養ですから、常日頃の修練が必要です。

Q 実技試験には、どのような問題がでますか？
A 商品のプレゼンテーションに必要な、技術と技能の基本を組み合わせたものです。限られた条件下で、素養と出来映えを見るためには、現実の売場におけるプレゼンテーションの再現というより、素養と適性が現れる特別なセットになっているようです。さまざまな要請、どのような課題にも応じられるよう、基本の技能が備わっているか、を見るためのものとなっているようです。

Q 技能検定の合否基準は、どのくらいでしょうか？
A 都道府県が実施する特級、1級、2級、3級、単一等級の技能検定の実技試験及び学科試験の合否基準は、100点満点として、原則として、実技試験においては60点以上、学科試験においては65点以上です。

　日本ビジュアルマーチャンダイジング協会は、事業活動の一環として厚生労働省「商品装飾展示」技能検定について、VMDに関する能力開発及び人材育成のために、専門的な立場から支援をしています。「商品装飾展示」技能検定についての協会の支援活動は、以下のとおりです。
・厚生労働省（中央職業能力開発協会）への協力
・要請に対応しての中央検定委員の派遣、その他
・都道府県職業能力開発協会への協力
・要請に対応しての検定委員の派遣、その他
・東京都「商品装飾展示」技能検定試験の実施への協力、都検定委員の派遣、その他
・VMD用語事典、問題集等、受検対策参考書の編集・出版
・受検相談と受検案内、その他

都道府県職業能力開発協会リスト

番号	協会名	郵便番号	所在地
1	北海道	003-0005	札幌市白石区東札幌5条1丁目1-2　北海道立職業能力開発支援センター内
2	青森県	030-0122	青森県青森市大字野尻字今田43-1　県立青森高等技術専門校内
3	岩手県	028-3615	紫波郡矢巾町南矢幅10-3-1　岩手県立産業技術短期大学校内
4	宮城県	981-0916	仙台市青葉区青葉町16-1
5	秋田県	010-1601	秋田市向浜1-2-1　秋田県職業訓練センター内
6	山形県	990-2473	山形市松栄2-2-1
7	福島県	960-8043	福島市中町8-2　福島県自治会館5F
8	茨城県	960-8043	水戸市水府町864-4　茨城県職業人材育成センター内
9	栃木県	320-0032	宇都宮市昭和1-3-10　栃木県庁舎西別館
10	群馬県	372-0801	伊勢崎市宮子町1211-1
11	埼玉県	330-0074	さいたま市浦和区北浦和5-6-5　埼玉県浦和合同庁舎5F
12	千葉県	261-0026	千葉市美浜区幕張西4-1-10
13	東京都	102-8113	千代田区飯田橋3-10-3　東京しごとセンター7F
14	神奈川県	231-0026	横浜市中区寿町1-4　かながわ労働プラザ内
15	新潟県	950-0965	新潟市中央区新光町15-2　新潟県公社総合ビル4F
16	富山県	930-0094	富山市安住町7-18　安住町第一生命ビル2F
17	石川県	920-0862	金沢市芳斉1-15-15　石川県職業能力開発プラザ3F
18	福井県	910-0003	福井市松本3丁目16番10号　福井県職員会館ビル4階
19	山梨県	400-0055	甲府市大津町2130-2
20	長野県	380-0836	長野市大字南長野南県町688-2　長野県婦人会館3F
21	岐阜県	502-0841	岐阜県各務原市テクノプラザ1-18
22	静岡県	424-0881	静岡市清水区楠160
23	愛知県	451-0035	名古屋市西区浅間2-3-14
24	三重県	514-0004	津市栄町1-954　三重県栄町庁舎4F
25	滋賀県	520-0865	大津市南郷5-2-14

TEL	FAX	URL	E-mail
011-825-2385	011-825-2390	http://www.h-syokunou.or.jp/	
017-738-5561	017-738-5551	http://www.a-noukaikyo.com/	kentei@h-syokunou.or.jp
019-613-4620	019-613-4623	http://www.noukai.com/	info@a-noukaikyo.com
022-271-9260	022-271-9242	http://www.miyagi-syokunou-kyoukai.com	iwate@noukai.com
018-862-3510	018-824-2052	http://www.akita-shokunou.org/	
023-644-8562	023-644-2865	http://www.y-kaihatu.jp/	
024-525-8681	024-523-5131	http://business2.plala.or.jp/fuvada/	
029-221-8647	029-226-4705	http://www.ib-syokkyo.com/	
028-643-7002	028-600-4321	http://www.tochi-vada.or.jp/	
0270-23-7761	0270-21-0568	http://www.gvada.jp/index.html	
048-829-2801	048-825-6481	http://www.saitama-vada.or.jp/	saitama-kentei@saitama-vada.or.jp
043-296-1150	043-296-1186	http://www.chivada.or.jp/	
03-5211-2350	03-5211-2358	http://www.tokyo-vada.or.jp/	
045-633-5420	045-633-5421	http://www.kan-nokaikyo.or.jp/	
025-283-2155	025-283-2156	http://www.nvada.com/	
076-432-9883	076-432-9894	http://www.toyama-noukai.or.jp/	
076-262-9020	076-262-3913	http://www.ishivada.com/	
0776-27-6360	0776-27-2060	http://www.fukui-shokunou.jp/	
055-243-4916	055-243-4919	http://www.yavada.jp/	
026-234-9050	026-234-9280	http://www.navada.or.jp/	
058-260-8686	058-260-8690	http://www.gifu-shokunou.or.jp/	
054-345-9377	054-345-2397	http://shivada.com/	
052-524-2031	052-524-2036	http://www.avada.or.jp/	
059-228-2732	059-228-1134	http://www.mivada.or.jp/	
077-533-0850	077-537-6540	http://www.shiga-nokaikyo.or.jp/	

都道府県職業能力開発協会リスト

番号	協会名	郵便番号	所在地
26	京都府	612-8416	京都市伏見区竹田流池町121-3　京都府立京都高等技術専門校内
27	大阪府	550-0011	大阪市西区阿波座2-1-1　大阪本町西第一ビルディング6F
28	兵庫県	650-0011	神戸市中央区下山手通6-3-30　兵庫勤労福祉センター1F
29	奈良県	630-8213	奈良市登大路町38-1　奈良県中小企業会館2F
30	和歌山県	640-8272	和歌山市砂山南3-3-38　和歌山技能センター内
31	鳥取県	680-0845	鳥取市富安2-159 久本ビル5F
32	島根県	690-0048	松江市西嫁島1-4-5 SPビル2F
33	岡山県	700-0824	岡山市北区内山下2-3-10
34	広島県	730-0052	広島市中区千田町3-7-47　広島県情報プラザ5F
35	山口県	753-0051	山口県山口市旭通り2-9-19　山口建設ビル3F
36	徳島県	770-8006	徳島市新浜町1-1-7
37	香川県	761-8031	高松市郷東町587-1　地域職業訓練センター内
38	愛媛県	791-1101	松山市久米窪田町487-2　愛媛県産業技術研究所管理棟2F
39	高知県	781-5101	高知市布師田3992-4
40	福岡県	813-0044	福岡市東区千早5-3-1　福岡人材開発センター2F
41	佐賀県	840-0814	佐賀市成章町1-15
42	長崎県	851-2127	西彼杵郡長与町高田郷547-21
43	熊本県	861-2202	上益城郡益城町田原2081-10　電子応用機械技術研究所内
44	大分県	870-1141	大分市大字下宗方字古川1035-1　大分職業訓練センター内
45	宮崎県	889-2155	宮崎市学園木花台西2-4-3
46	鹿児島県	892-0836	鹿児島市錦江町9-14
47	沖縄県	900-0036	那覇市西3-14-1

※中央職業能力開発協会　〒160-8327　新宿区西新宿7-5-25　西新宿プライムスクエア11階

TEL	FAX	URL	E-mail
075-642-5075	075-642-5085	http://www.kyo-noukai.com/	soumu@kyo-noukai.com
06-6534-7510	06-6534-7511	http://www.osaka-noukai.jp/	
078-371-2091	078-371-2095	http://www.noukai-hyogo.jp/	syokunou@noukai-hyogo.jp
0742-24-4127	0742-23-7690	http://www.aaa.nara.nara.jp/	
073-425-4555	073-425-4773	http://w-syokunou.com/	
0857-22-3494	0857-21-6020	http://www.hal.ne.jp/syokunou/	syokunou@hal.ne.jp
0852-23-1755	0852-22-3404	http://www.noukai-shimane.or.jp/	
086-225-1546	086-234-1806	http://www.okayama-syokunou.or.jp/	nfo@okayama-syokunou.or.jp
082-245-4020	082-245-4858	http://www.hirovada.or.jp/	
083-922-8646	083-922-9761	http://y-syokunou.com/	info@y-syokunou.com
088-663-2316	088-662-0303	http://www.tokunoukai.jp/	mail@tokunoukai.jp
087-882-2854	087-882-2962	http://www.noukai-kagawa.or.jp/	
089-993-7301	089-993-7302	http://nokai.bp-ehime.or.jp/	info-enk@ehime-noukai.or.jp
088-846-2300	088-846-2302	http://www.kovada.or.jp/	
092-671-1238	092-671-1354	http://www.fukuoka-noukai.or.jp/	
0952-24-6408	0952-24-5479	http://www.saga-noukai.or.jp/	
095-894-9971	095-894-9972	http://www.nagasaki-noukai.or.jp/	
096-285-5818	096-285-5812	http://www.noukai.or.jp/	
097-542-3651	097-542-0996	http://www.noukai-oita.com/	shokunou@noukai-oita.com
0985-58-1570	0985-58-1554	http://www.syokuno.or.jp/	
099-226-3240	099-222-8020	http://www.syokunou.or.jp/	
098-862-4278	098-866-4964	http://www.oki-vada.or.jp/	

TEL.03-6758-2859 FAX.03-6758-2861 http://www.javada.or.jp

[付録] 商品装飾展示技能検定試験の試験科目及びその範囲並びにその細目

1 1級商品装飾展示技能検定試験の試験科目及びその範囲並びにその細目

(1) 技能検定試験の合格に必要な技能及びこれに関する知識の程度
　　商品装飾展示の職種における上級の技能者が通常有すべき技能及びこれに関する知識の程度を基準とする。
(2) 試験科目及びその範囲
　　下表の左欄のとおりである。
(3) 試験科目及びその範囲の細目
　　下表の右欄のとおりである。

試験科目及びその範囲	試験科目及びその範囲の細目
学科試験 1．商品装飾展示一般 　ビジュアルマーチャンダイジング	ビジュアルマーチャンダイジング（VMD）に関し、次に掲げる事項について詳細な知識を有すること。 (1) マーチャンダイジング（MD） (2) ビジュアルプレゼンテーション（VP） (3) ポイントオブセールスプレゼンテーション（PP） (4) アイテムプレゼンテーション（IP）
商品の販売促進計画	1．販売促進の方法及び特徴について　一般的な知識を有すること。 2．販売促進に関し、次に掲げる事項について詳細な知識を有すること。 　　(1) 販売計画　　(2) 催事計画　　(3) その他
商品装飾展示が行われる業態、業種及びそれらの特徴	次に掲げる商品装飾展示が行われる業態、業種及びそれらの特徴について一般的な知識を有すること。 (1) ショッピングセンター　　(2) 百貨店 (3) スーパー　　(4) 専門店　　(5) 一般小売店 (6) メーカー及び問屋　　(7) その他
展示場所の種類、特徴及び使用方法	次に掲げる展示場所の種類、特徴及び使用方法について詳細な知識を有すること。 (1) ショーウインドウ　　(2) ステージ　　(3) 壁　面 (4) 柱　　(5) シーリング（天井空間）　　(6) テーブル (7) ショーケース　　(8) 棚　　(9) ゴンドラ (10) ワゴン　　(11) その他
売場の構成及び機能	売場の構成及び機能に関し、次に掲げる事項について一般的な知識を有すること。 (1) 売場構成に関する事項 　イ．什器　　ロ．器具　　ハ．照明　　ニ．小道具

試験科目及びその範囲	試験科目及びその範囲の細目
2．商品装飾展示法、 　商品装飾展示の基礎知識	(2) 売場機能に関する事項 　　イ．導線　　ロ．配置　　ハ．空間構成 1．商品装飾展示の用語について詳細な知識を有すること。 2．商品特性について詳細な知識を有すること。 3．商品装飾展示の基礎知識に関し、次に掲げる事項について一般的な知識を有すること。 　　(1) 消費動向　　　　(2) ライフスタイル 　　(3) ファッション動向　(4) 購買行動
商品装飾展示のデザイン	1．デザインの基礎に関し、次に掲げる事項について一般的な知識を有すること。 　　(1) 造形の要素　　　　(2) 造形の様式 　　(3) 色彩の機能及び効果　(4) 照明の機能及び効果 　　(5) 視覚の法則 2．プラン及びデザインに関し、次に掲げる事項について詳細な知識を有すること。 　　(1) プラン及びデザインに関する図面の読図 　　(2) 使用記号　　　　(3) 商品特性の表現 　　(4) イメージスケッチ　(5) 作業プランの作成及び段取り 　　(6) 見積り　　　　　(7) 商品等のセレクト
商品装飾展示に使用する用具、 用材の種類、用途及び使用方法	1．次に掲げる商品装飾展示に使用する用具の種類、用途及び使用方法について詳細な知識を有すること。 　　(1) ガンタッカー　(2) ニッパー　(3) ペンチ 　　(4) 金づち　　　　(5) はさみ　　(6) カッター 　　(7) メジャー　　　(8) ピンクッション 　　(9) スケッチ用具　(10) その他 2．次に掲げる商品装飾展示に使用する用材の種類、用途及び使用方法について詳細な知識を有すること。 　　(1) ピン　　(2) テグス　(3) 接着剤　(4) テープ 　　(5) クリップ　(6) 紙　　(7) その他
装飾展示の方法	次に掲げる装飾展示の方法について詳細な知識を有すること。 　　(1) ピニング（ピンワーク、ピンナップ） 　　(2) テグスワーク　(3) パディング 　　(4) ハンギング　　(5) レイダウン（置き方） 　　(6) 包　装　　　　(7) その他のフォーミング

試験科目及びその範囲	試験科目及びその範囲の細目
3. 材料 　商品装飾展示に使用する材料の種類、用途及び使用方法	(2) 次に掲げる商品装飾展示に使用する材料の種類、用途 　　及び使用方法について詳細な知識を有すること。 　(1) 布　　(2) リボン　　(3) ロープ 　(4) 紙　　(5) その他
4. 関係法規 　消防法（昭和23年法律第186号）関係法令、建築基準法（昭和25年法律第201号）関係法令、著作権法（昭和45年法律第48号）関係法令、製造物責任法（平成6年法律第85号）関係法令、大規模小売店舗立地法（平成10年法律第91号）関係法令のうち、商品装飾展示に関する部分	1. デザインの知的財産権について一般的な知識を有すること。 2. 次に掲げる法令のうち、商品装飾展示に関する部分について一般的 　な知識を有すること。 　(1) 製造物責任法　　(2) 消防法　　(3) 建築基準法 　(4) 大規模小売店舗立地法
5. 安全衛生 　安全衛生に関する詳細な知識	1. 商品装飾展示作業に伴う安全衛生に関し、次に掲げる事項について 　詳細な知識を有すること。 　(1) 用具の危険性及び取扱い方法 　(2) 作業手順 　(3) 作業開始時の点検 　(4) 整理整頓及び清潔の保持 　(5) 事故時等における応急措置及び退避 　(6) その他商品装飾展示作業に関する安全又は衛生の 　　ために必要な事項 2. 労働安全衛生法関係法令（商品装飾展示作業に関する部分に限る） 　について詳細な知識を有すること。
実 技 試 験 商品装飾展示作業 スケッチ デザイン 装飾展示	1. ビジュアルプレゼンテーションの立案ができること。 2. 一点透視図及び平面図が描けること。 　商品装飾展示のデザインができること。 1. 商品特性に基づくプレゼンテーションができること。 2. ピニング（ピンワーク、ピンナップ）、テグスワーク、パディング、 　ハンギング、レイダウン、その他のフォーミング等による商品のビ 　ジュアルプレゼンテーションができること。

2　2級商品装飾展示技能検定試験の試験科目及びその範囲並びにその細目

(1) 技能検定試験の合格に必要な技能及びこれに関する知識の程度
　　商品装飾展示の職種における中級の技能者が通常有すべき技能及びこれに関する知識の程度を基準とする。
(2) 試験科目及びその範囲
　　下表の左欄のとおりである。
(3) 試験科目及びその範囲の細目
　　下表の右欄のとおりである。

試験科目及びその範囲	試験科目及びその範囲の細目
学　科　試　験	
1.商品装飾展示一般 　ビジュアルマーチャンダイジング	ビジュアルマーチャンダイジング（VMD）に関し、次に掲げる事項について一般的な知識を有すること。 　(1) マーチャンダイジング（MD） 　(2) ビジュアルプレゼンテーション（VP） 　(3) ポイントオブセールスプレゼンテーション（PP） 　(4) アイテムプレゼンテーション（IP）
商品の販売促進計画	1.販売促進の方法及び特徴について一般的な知識を有すること。 2.販売促進に関し、次に掲げる事項について一般的な知識を有すること。 　(1) 販売計画　　(2) 催事計画　　(3) その他
商品装飾展示が行われる業態、業種及びそれらの特徴	次に掲げる商品装飾展示が行われる業態、業種及びそれらの特徴について一般的な知識を有すること。 　(1) ショッピングセンター　　(2) 百貨店 　(3) スーパー　　(4) 専門店　　(5) 一般小売店 　(6) メーカー及び問屋　　(7) その他
展示場所の種類、特徴及び使用方法	次に掲げる展示場所の種類、特徴及び使用方法について一般的な知識を有すること。 　(1) ショーウインドウ　　(2) ステージ　　(3) 壁　面 　(4) 柱　　(5) シーリング（天井空間）　　(6) テーブル 　(7) ショーケース　　(8) 棚　　(9) ゴンドラ 　(10) ワゴン　　(11) その他
売場の構成及び機能	売場の構成及び機能に関し、次に掲げる事項について概略の知識を有すること。 　(1) 売場構成に関する事項 　　イ.什器　　ロ.器具　　ハ.照明　　ニ.小道具

試験科目及びその範囲	試験科目及びその範囲の細目
	(2) 売場機能に関する事項 　　イ．導線　　ロ．配置　　ハ．空間構成
2．商品装飾展示法、 　商品装飾展示の基礎知識	1．商品装飾展示の用語について詳細な知識を有すること。 2．商品特性について一般的な知識を有すること。 3．商品装飾展示の基礎知識に関し、次に掲げる事項について一般的な知識を有すること。 　　(1) 消費動向　　　　　(2) ライフスタイル 　　(3) ファッション動向　(4) 購買行動
商品装飾展示のデザイン	1．デザインの基礎に関し、次に掲げる事項について概略の知識を有すること。 　　(1) 造形の要素　　　　(2) 造形の様式 　　(3) 色彩の機能及び効果　(4) 照明の機能及び効果 　　(5) 視覚の法則 2．プラン及びデザインに関し、次に掲げる事項について一般的な知識を有すること。 　　(1) プラン及びデザインに関する図面の読図 　　(2) 使用記号　　　　　(3) 商品特性の表現 　　(4) イメージスケッチ　(5) 作業プランの作成及び段取り 　　(6) 見積り　　　　　　(7) 商品等のセレクト
商品装飾展示に使用する用具、 用材の種類、用途及び使用方法	1．次に掲げる商品装飾展示に使用する用具の種類、用途及び使用方法について詳細な知識を有すること。 　　(1) ガンタッカー　(2) ニッパー　(3) ペンチ 　　(4) 金づち　　　　(5) はさみ　　(6) カッター 　　(7) メジャー　　　(8) ピンクッション 　　(9) スケッチ用具　(10) その他 2．次に掲げる商品装飾展示に使用する用材の種類、用途及び使用方法について詳細な知識を有すること。 　　(1) ピ　ン　(2) テグス　(3) 接着剤　(4) テープ 　　(5) クリップ　(6) 紙　　　(7) その他
装飾展示の方法	次に掲げる装飾展示の方法について詳細な知識を有すること。 　　(1) ピニング（ピンワーク、ピンナップ） 　　(2) テグスワーク　(3) パディング 　　(4) ハンギング　　(5) レイダウン（置き方） 　　(6) 包　装　　　　(7) その他のフォーミング

試験科目及びその範囲	試験科目及びその範囲の細目
3．材　料 　　商品装飾展示に使用する材料の種類、用途及び使用方法	次に掲げる商品装飾展示に使用する材料の種類、用途及び使用方法について一般的な知識を有すること。 　(1) 布　　(2) リボン　　(3) ロープ 　(4) 紙　　(5) その他
4．関係法規 　　消防法関係法令、著作権法関係法令及び製造物責任法関係法令のうち、商品装飾展示に関する部分	1．デザインの知的財産権について一般的な知識を有すること。 2．次に掲げる法令のうち、商品装飾展示に関する部分について一般的な知識を有すること。 　(1) 製造物責任法　　(2) 消防法
5．安全衛生 　　安全衛生に関する詳細な知識	1．商品装飾展示作業に伴う安全衛生に関し、次に掲げる事項について詳細な知識を有すること。 　(1) 用具の危険性及び取扱い方法 　(2) 作業手順 　(3) 作業開始時の点検 　(4) 整理整頓及び清潔の保持 　(5) 事故時等における応急措置及び退避 　(6) その他商品装飾展示作業に関する安全又は衛生のために必要な事項 2．労働安全衛生法関係法令（商品装飾展示作業に関する部分に限る）について詳細な知識を有すること。
実　技　試　験	
商品装飾展示作業 デザイン 装飾展示	商品装飾展示のデザインができること。 1．商品特性に基づくプレゼンテーションができること。 2．ピニング（ピンワーク、ピンナップ）、テグスワーク、パディング、ハンギング、レイダウン、その他のフォーミング等による商品のビジュアルプレゼンテーションができること。

3　3級商品装飾展示技能検定試験の試験科目及びその範囲並びにその細目

(1) 技能検定試験の合格に必要な技能及びこれに関する知識の程度

　　商品装飾展示の職種における初級の技能者が通常有すべき技能及びこれに関する知識の程度を基準とする。

(2) 試験科目及びその範囲

　　下表の左欄のとおりである。

(3) 試験科目及びその範囲の細目

　　下表の右欄のとおりである。

試験科目及びその範囲	試験科目及びその範囲の細目
学科試験 1．商品装飾展示一般 　ビジュアルマーチャンダイジング	ビジュアルマーチャンダイジング（VMD）に関し、次に掲げる事項について一般的な知識を有すること。 　(1) ビジュアルプレゼンテーション（VP） 　(2) ポイントオブセールスプレゼンテーション（PP） 　(3) アイテムプレゼンテーション（IP）
商品の販売促進計画	販売促進の方法及び特徴について概略の知識を有すること。
商品装飾展示が行われる業態、業種及びそれらの特徴	次に掲げる商品装飾展示が行われる業態、業種及びそれらの特徴について概略の知識を有すること。 　(1) ショッピングセンター　　(2) 百貨店 　(3) スーパー　(4) 専門店　(5) 一般小売店 　(6) メーカー及び問屋　　(7) その他
展示場所の種類、特徴及び使用方法	次に掲げる展示場所の種類、特徴及び使用方法について一般的な知識を有すること。 　(1) ショーウインドウ　(2) ステージ　(3) 壁　面 　(4) 柱　(5) シーリング（天井空間）　(6) テーブル 　(7) ショーケース　(8) 棚　(9) ゴンドラ 　(10) ワゴン　(11) その他
売場の構成及び機能	売場の構成及び機能に関し、次に掲げる事項について概略の知識を有すること。 　(1) 器　具　(2) 小道具　(3) 導　線

試験科目及びその範囲	試験科目及びその範囲の細目
2. 商品装飾展示法 　　商品装飾展示の基礎知識	1. 商品装飾展示の用語について詳細な知識を有すること。 2. 商品特性について一般的な知識を有すること。 3. 商品装飾展示の基礎知識に関し、次に掲げる事項について概略の知識を有すること。 　(1) 消費動向　　(2) ライフスタイル 　(3) ファッション動向　　(4) 購買行動
商品装飾展示のデザイン	1. デザインの基礎に関し、次に掲げる事項について概略の知識を有すること。 　(1) 造形の要素　　(2) 色彩の機能及び効果 　(3) 照明の機能及び効果 2. プラン及びデザインに関し、次に掲げる事項について一般的な知識を有すること。 　(1) プラン及びデザインに関する図面の読図 　(2) 使用記号　　(3) 商品特性の表現
商品装飾展示に使用する用具、用材の種類、用途及び使用方法	1. 次に掲げる商品装飾展示に使用する用具の種類、用途及び使用方法について詳細な知識を有すること。 　(1) ガンタッカー　　(2) ニッパー　　(3) ペンチ 　(4) 金づち　　(5) はさみ　　(6) カッター 　(7) メジャー　　(8) ピンクッション 　(9) スケッチ用具　　(10) その他 2. 次に掲げる商品装飾展示に使用する用材の種類、用途及び使用方法について詳細な知識を有すること。 　(1) ピ　ン　　(2) テグス　　(3) 接着剤　　(4) テープ 　(5) クリップ　　(6) 紙　　(7) その他
装飾展示の方法	次に掲げる装飾展示の方法について一般的な知識を有すること。 　(1) ピニング（ピンワーク、ピンナップ） 　(2) テグスワーク　　(3) パディング　　(4) ハンギング 　(5) レイダウン（置き方）　　(6) 包装 　(7) その他のフォーミング
3. 材　料 　　商品装飾展示に使用する材料の種類、用途及び使用方法	次に掲げる商品装飾展示に使用する材料の種類、用途及び使用方法について一般的な知識を有すること。 　(1) 布　　(2) リボン　　(3) ロープ 　(4) 紙　　(5) その他

試験科目及びその範囲	試験科目及びその範囲の細目
4.関係法規 　著作権法関係法令及び製造物責任法関係法令のうち、商品装飾展示に関する部分	1.デザインの知的財産権について概略の知識を有すること。 2.製造物責任法（商品装飾展示作業に関する部分に限る）について概略の知識を有すること。
5.安全衛生 　安全衛生に関する詳細な知識	1.商品装飾展示作業に伴う安全衛生に関し、次に掲げる事項について詳細な知識を有すること。 　(1) 用具の危険性及び取扱い方法 　(2) 整理整頓及び清潔の保持 　(3) 事故時等における応急措置及び退避 　(4) その他商品装飾展示作業に関する安全又は衛生のために必要な事項 2.労働安全衛生法関係法令（商品装飾展示作業に関する部分に限る）について詳細な知識を有すること。
実 技 試 験	
商品装飾展示作業 装飾展示	1.商品特性に基づくプレゼンテーションができること。 2.ピニング（ピンワーク、ピンナップ）、テグスワーク、パディング、ハンギング、レイダウン、その他のフォーミング等による商品の基礎的なビジュアルプレゼンテーションができること。

参考文献

『VMD用語事典』(改訂版)日本ビジュアルマーチャンダイジング協会編　エポック出版
『文化ファッション体系〈ディスプレイ・VP・VMD〉』文化服装学院編　文化服装学院教科書出版部
『日本風呂敷連合会冊子』
『お待たせしない実用ラッピング』服部雅代・里舘優美子著　マール社
『京ふろしき』久保村正高著　光村推古書院
『基本から応用まで　つつむ』学習研究社
『ギフトラッピングコーディネーター実技テキスト』全日本ギフト用品協会
『日本を楽しむ年中行事』三越　かんき出版
『ビジュアルマーチャンダイザー』早乙女喜栄子　繊研新聞社
『展示学事典』ぎょうせい　日本展示学会
『商業立地の知識』山下勇吉　日本経済新聞

その他の参考文献
『基本マーケティング用語事典・新版』牛正房芳　白桃書房　2004年
『新編商業施設技術体系1987年』商業施設技術者団体連合会
『ディスプレイ・テクニック(婦人服装飾の基本とバリエーション)』大橋雅子著　文化出版局
『スカーフ・ストール・マフラー』　日本文芸社
『スカーフテクニック図鑑』PARCO出版
武蔵野美術大学「造形ファイル」Webサイト
「The Drama of Display Visual Merchandising andIts Techniques」James Buckley(1953)
「Visual Merchandising」N.R.M.A(1976)(1985)
「Show Window」Barry J.Wood(1982)
「Store Planning design」Lawrence J.Israel(1994)
『消費と流通』田島義博　日本経済新聞社
「design,display,and Visual Merchandising」Jonny Tucker(2003)

あとがき

　本書『商品装飾展示技能検定ガイドブック』は、商品装飾展示技能検定の受検者のためのガイドブックとして2004年の初版から改訂を重ね、このたび従来の厚い1冊仕立てのスタイルを変えて、かねてより検討していた学科編と実技編の2冊仕立ての本として出版することができました。2冊仕立ての意図は、受検者の方々が日常いつでも携帯して学ぶことができるものに、という点も考慮したものです。

　このガイドブックの執筆と編集にあたった日本ビジュアルマーチャンダイジング協会は、設立当初より厚生労働省の技能検定支援という大役を担って、すでに32年という月日が経ちます。その間には、会員有志が関連用語を編纂した『VMD用語事典』を出版し、技能検定の知識を学ぶうえで大きな助けとなり、業界の共通認識を高めることができました。

　技能検定対応のガイドブックは、『VMD用語事典』に続く、商品装飾展示すなわちビジュアルマーチャンダイジング関連の基本の書ともいえます。知識のほかに、今まで学ぶ術（すべ）が見いだせなかった専門的な領域の技術分野を、プロフェッショナルの執筆陣がそれぞれの得意分野を担当することで編纂しました。本書はその改訂版として昨秋より着手し、思いのほか月日を要しました。それは「商品装飾展示」という職種がいかに広範囲の知識と技術を必要としているか、そして変化する時代性などを考慮し、用語や内容を取捨選択したということの表れでもあります。

　より具体的に伝えたいという思いや、学生や初心者にも分かりやすくするためにはどの点を強化するか等々。技術の名称に始まり、新しい表現についてなど、さまざまな議論を重ねながらまとめました。また、初めての受検者にも積極的に挑戦していただきたいと、平成27年度から平成30年度まで4年間の過去問題も網羅しました。

　実店舗における小売りの現場は、ネット社会の急速な発展とともに大きな変化の中にあります。そんな中、人々が快適な商環境の中で満足を得ながら商品を購入するというリアリティーは、今後ますます極められ、洗練されていく必要があります。このガイドブックが、国家検定である「商品装飾展示技能検定」という資格試験を通じて、業界内での職域における認知度を高め、現場で活躍するプロフェッショナルたちの技能と技術のレベルアップに役立つことを願っています。

　編集にあたり、ご協力いただいた皆様に深く感謝いたします。

　　　　　　　　　　　　　　令和元年5月吉日　「商品装飾展示技能検定」ガイドブック編集委員会

国家検定 商品装飾展示技能検定ガイドブック
実技編

2006年2月3日　初版第1刷発行
2009年4月22日　改訂第1刷発行
2014年6月10日　改訂第2版第1刷発行
2019年5月31日　改訂第3版第1刷発行

編 著 者	日本ビジュアルマーチャンダイジング協会
発 行 者	佐々木 幸二
発 行 所	繊研新聞社
	〒103-0015 東京都中央区日本橋箱崎町31-4 箱崎314ビル
	TEL. 03(3661)3681　FAX. 03(3666)4236
印刷・製本	中央精版印刷株式会社

乱丁・落丁本はお取り替えいたします。

Ⓒ NIHON VISUAL MERCHANDISING KYOKAI, 2019 Printed in Japan
ISBN978-4-88124-334-3　C3063